Herzlich willkommen bei Familie Lerndrache!

Super, dass du mit uns üben und lernen möchtest! Du wirst sehen: Mit uns macht das richtig viel Spaß! Wir haben viele Tipps für dich und helfen dir, sodass du bald fit für die Schule bist.

Name: Lizzy Lerndrache
Das mag ich: Sport, vor allem Reiten und Ballett; schöne Kleider und meine Perlenkette; meine Familie, besonders meinen Bruder Lenny (meistens jedenfalls)
So bin ich: erfinderisch und ganz schön schlau.

Name: Lenny Lerndrache
Das mag ich: Sport; alles, was mit Technik zu tun hat; Feuer spucken; meine Familie, besonders meine Schwester Lizzy (meistens jedenfalls)
So bin ich: hilfsbereit und neugierig

Name: Floh Lerndrache (Baby)
Das mag ich: Quatsch!
So bin ich: frech und noch klein, daher kann ich kaum reden und leider noch nicht fliegen. Ich mache Unfug und sorge dafür, dass du beim Lernen was zu lachen hast.

Name: Nepomuk Lerndrache (Opa)
Das mag ich: fliegen und Saltos schlagen; mit meinem Stock zaubern; faulenzen; meine Enkelkinder
So bin ich: gemütlich, manchmal kann ich auch richtig frech sein

Inhalt

Erstes Lesen

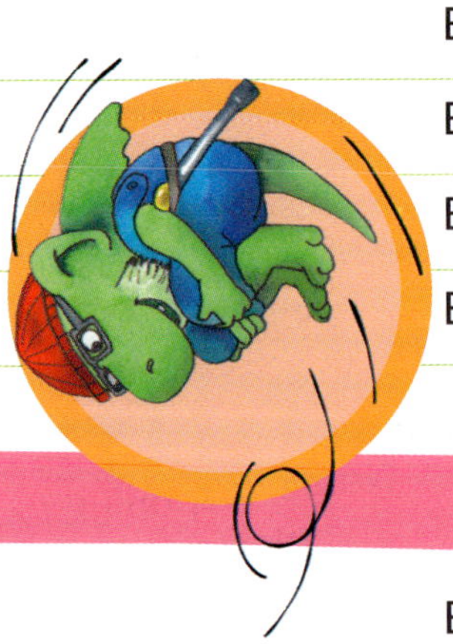

Erstes Schreiben

Inhalt

Konzentration

Immer zwei Bilder ergeben ein neues Wort.
Verbinde sie.

Male alle Bilder an.

Im Park ist viel los! Sprich *I i* überall da, wo etwas Unangenehmes passiert. Male diese Buchstaben an.

Elterninfo: Schreiben Sie die Buchstaben, die Ihr Kind schon kennt, mit dem Zeigefinger auf seinen Rücken. Lassen Sie es raten!

Was siehst du auf den Bildern? Sprich jedes Wort deutlich. Wenn du am Anfang, in der Mitte oder am Ende ein *I/i* hörst, zeichne einen Pfeil vom *I/i* zum Bild.

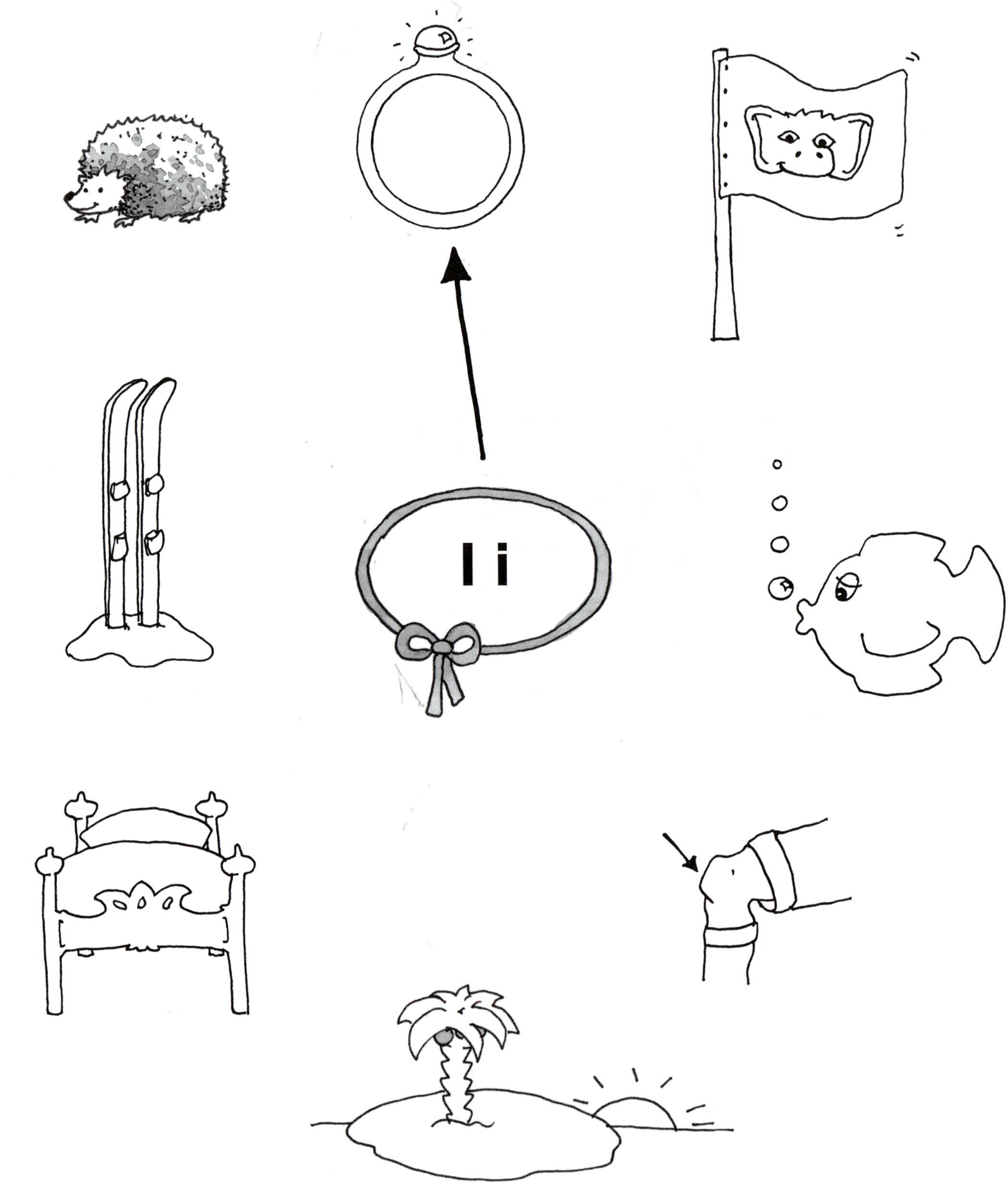

Male die Bilder mit Pfeil an!

Male alle *I/i* farbig an.

Kannst du lesen, was der Esel schreit?

Elterninfo: Eine gute Übung ist es, Ihr Kind aus der Umwelt bestimmte Geräusche bewusst wahrnehmen zu lassen, z. B. Vogelstimmen, Ticken einer Uhr, Glockenläuten ...

Auf dem Schulhof passiert viel Überraschendes!
Sprich „O o“, wenn du siehst, wie jemand überrascht oder erstaunt ist. Male dort die Buchstaben an.

Elterninfo: Zeichnen Sie mit Straßenkreide 12 Kästchen auf die Straße oder den Bürgersteig. Jeweils 3 Kästchen werden mit *M*/*m* bzw. mit *A*/*a*, *I*/*i* und *O*/*o* beschriftet. Ihr Kind kann nun auf bestimmte Buchstaben hüpfen oder Steinchen werfen.
Oder: 8 Kästchen zeichnen, in die Sie jeweils *M*, *m*, *A*, *a*, *I*, *i*, *O* und *o* schreiben. Ihr Kind kann nun jeweils 2 passende Groß- und Kleinbuchstaben mit 2 Steinchen bewerfen.

Was siehst du auf den Bildern? Sprich jedes Wort deutlich.
Wenn du am Anfang, in der Mitte oder am Ende ein *O/o* hörst, zeichne einen Pfeil vom *O/o* zum Bild.

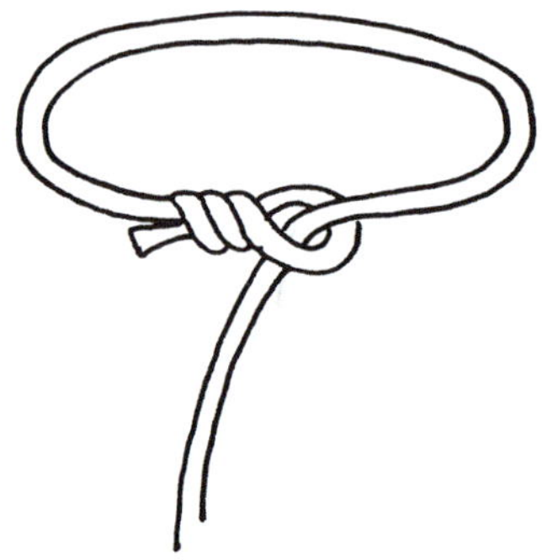

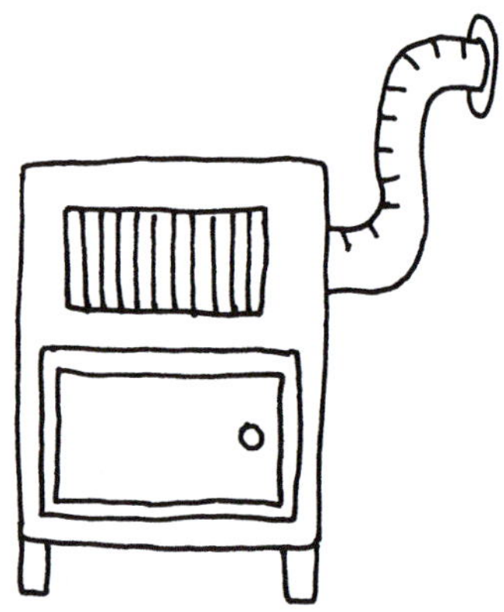

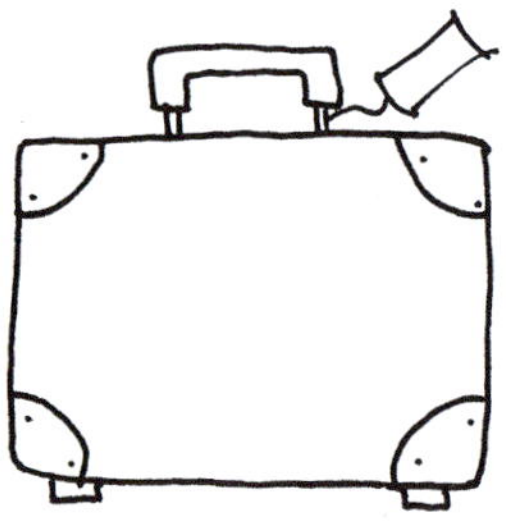

Male alle Bilder mit Pfeil an.

Male alle Felder mit *O/o* farbig an.
Entdeckst du das Überraschungs-Ei?

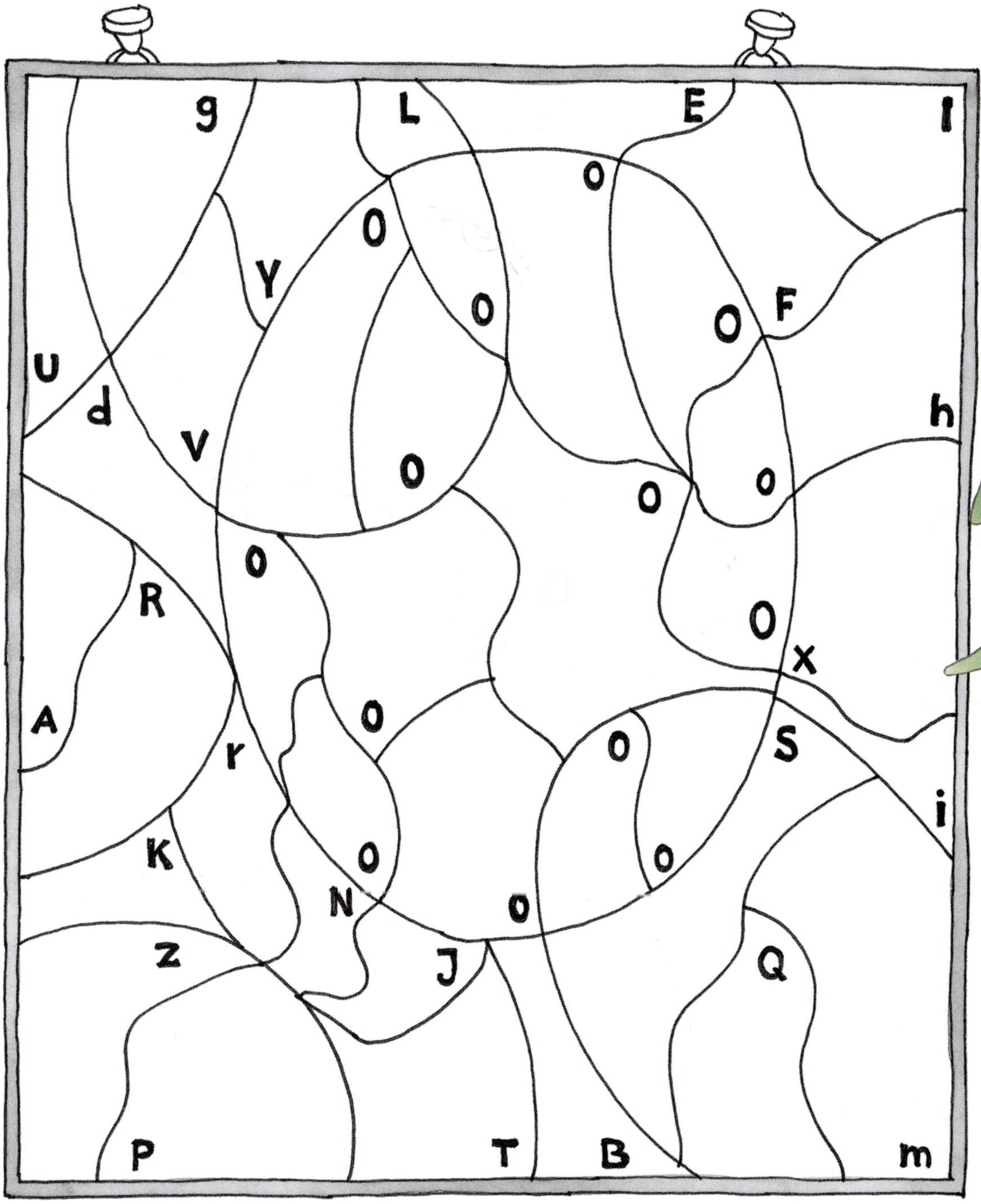

Elterninfo: Zur Schulung der optischen Wahrnehmung eignet sich sehr gut das bekannte Spiel „Ich sehe was, was du nicht siehst."
Ihr Kind hat nun die Buchstaben *m, a, i* und *o* kennen gelernt – vertiefen Sie diese Kenntnisse spielerisch mit dem Lese-Karussell ab Seite 77.

Verbinde die Buchstaben, und lies die Wörter.

a

M

a

m

m

O

a

i

i

M

m

Lies, und kreuze den passenden Satz an.

Mama im  ☐

Mama am  ☐

Oma im  ☐

Oma am  ☐

Mimi im  ☐

Mimi am  ☐

Male dich selbst auf das vierte Bild, und schreibe deinen Namen darunter!

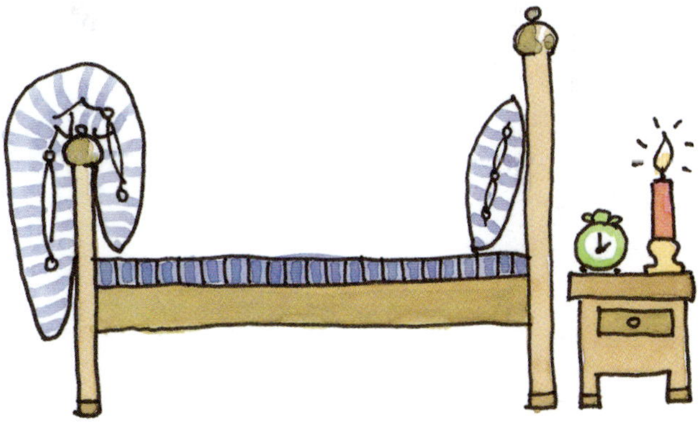

________________ im  ☐

________________ am  ☐

Elterninfo: Es ist wichtig, dass Ihr Kind den Inhalt erfasst. Mit solchen und ähnlichen Übungen kann das geübt werden.

Wippen im Hufeisen

Fahre im Hufeisen mit der Drachenfigur (Seite 87) hin und her.

Zeichne bunte Bogen hinein.

Sprich diesen Vers dazu:

1 2
Hingewippt und hergewippt,
1 2
Achtung! Nur nicht umgekippt.

Zeichne das Spinnennetz und das Vogelnest fertig.
Das geht einfacher, wenn du dabei das Buch drehst!
Male auch die anderen Dinge an.

Fahre auf dem Dach mit der Drachenfigur (Seite 87) auf und ab.

Zeichne rote Spitzen hinein.

Sprich diesen Vers dazu:

1 2 3 4 1 2 3
Von dem spitzen, spitzen Dach
4 1 2 3 4 1 2
rutsch' ich gern mit lautem Krach!

Zeichne die Sägen fertig. Achte auch auf den Zwergenhut.

Elterninfo: Einen lustigen Zwergenkinder-Fingerreim finden Sie auf Seite 91.

Fahre im Reifen mit der Drachenfigur (Seite 87) rundherum.

Zeichne bunte Kreise hinein.

Sprich diesen Vers dazu:

Mein Reifen ist ein runder Kreis.
Mal' ihn bunt, sonst bleibt er weiß.

Male die Seifenblasen dazu!

Kreuze an, wenn du ein *l* hörst!

Elterninfo: Beachten Sie bitte, dass Sie das *l* lautieren, d.h. sprechen Sie nicht *el* sondern *l*. Als Bezeichnungen werden empfohlen: Löwe, Zirkuszelt, Elefant, Pferd, Seiltänzerin, Affe, Kamel, Esel, Tiger, Seehund, Leopard.

Kreuze an, wenn du ein *o* hörst.

Elterninfo: Als Bezeichnungen werden empfohlen: Sonne, Biene, Rose, Frosch, Gartenhaus, Apfel, Tulpe, Gießkanne, Storch, Schnecke und Vogel.

Looping fahren

Fahre in der Rennbahn mit der Drachenfigur (Seite 87) herum.

Zeichne bunte Loopings ein.

Sprich diesen Vers dazu:

1 2 3
Hinauf, zurück, herunter,
1 2 3
Looping fahr'n macht munter.

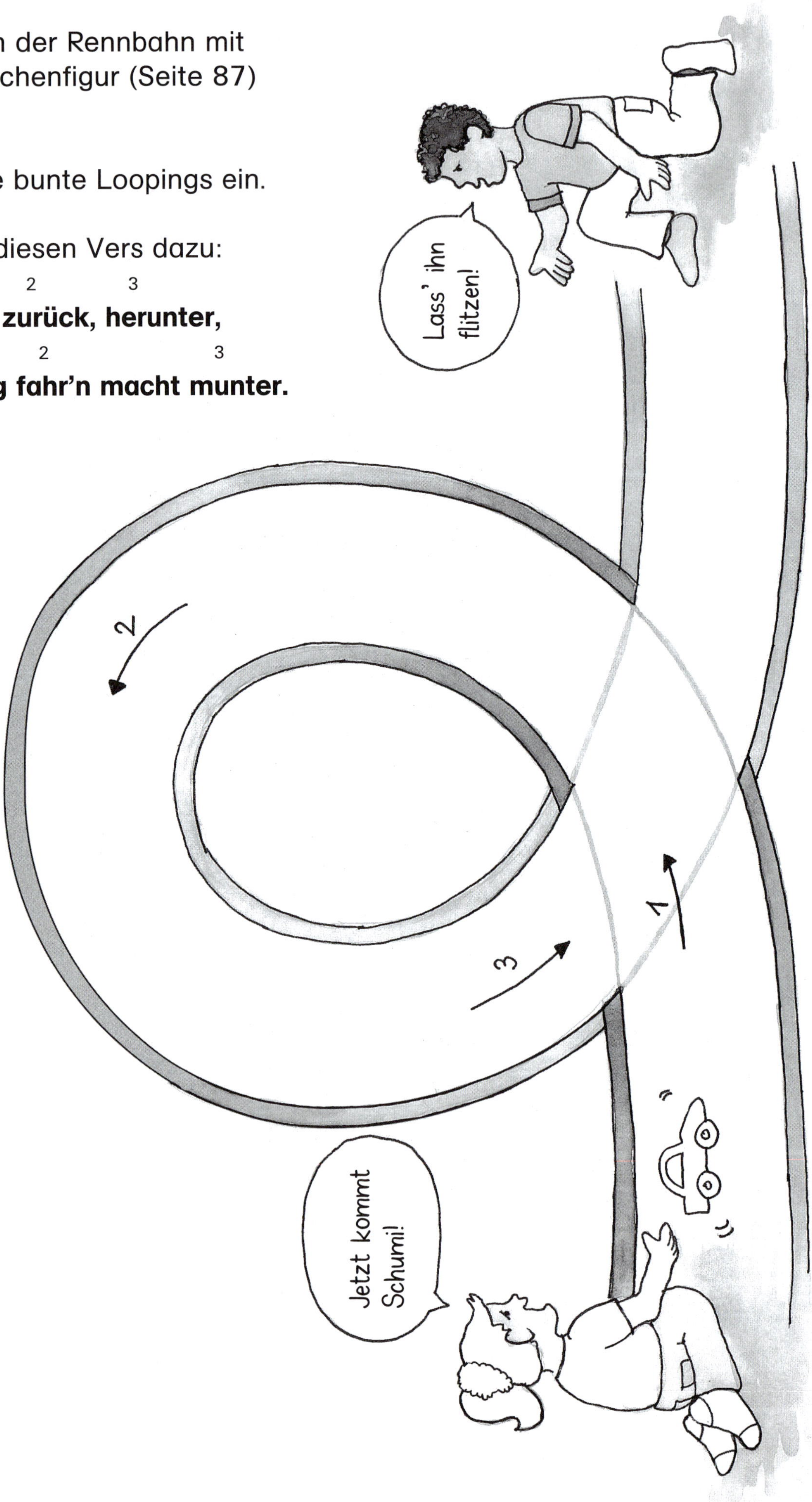

Zeichne den Pullover des Teddybären fertig.
Male ihn anschließend an.

Zeichne noch mehr Wellen.

Kreuze an, wenn du ein *k* hörst.

Elterninfo: Beachten Sie bitte, dass Sie das *k* lautieren, d.h. sprechen Sie nicht *ka* sondern *k*. Als Bezeichnungen werden empfohlen: Mond, Knochen, Kette, Laterne, Kamin, Sack, Kürbis, Kirche, Kerze, Maske.

Verbinde gegenüberliegende Punkte mit geraden Linien.

Sprich diesen Hexspruch dazu:

Eene meene, ein gerader Strich,
den netten Löwen fürchte ich nicht!
Hex-hex!

Male diese Linien in deinen Lieblingsfarben.

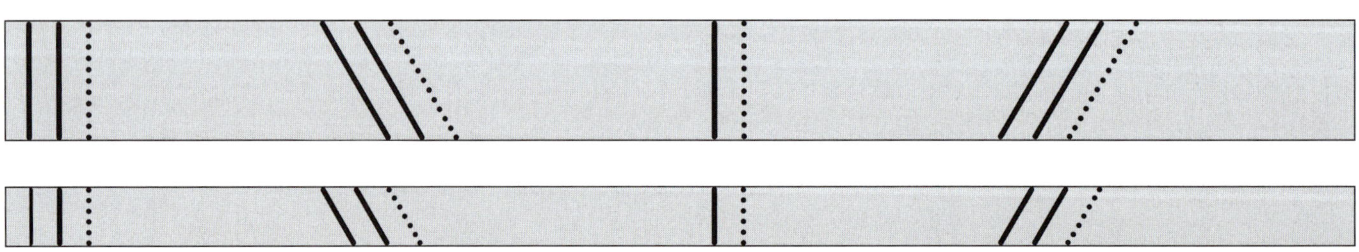

Zeichne die Stäbe, die Schienen und die Schnüre der Luftballons fertig. Male dann das Bild an.

Male diese Linien weiter.

Male die Schläuche in den fünf verschiedenen Farben an.

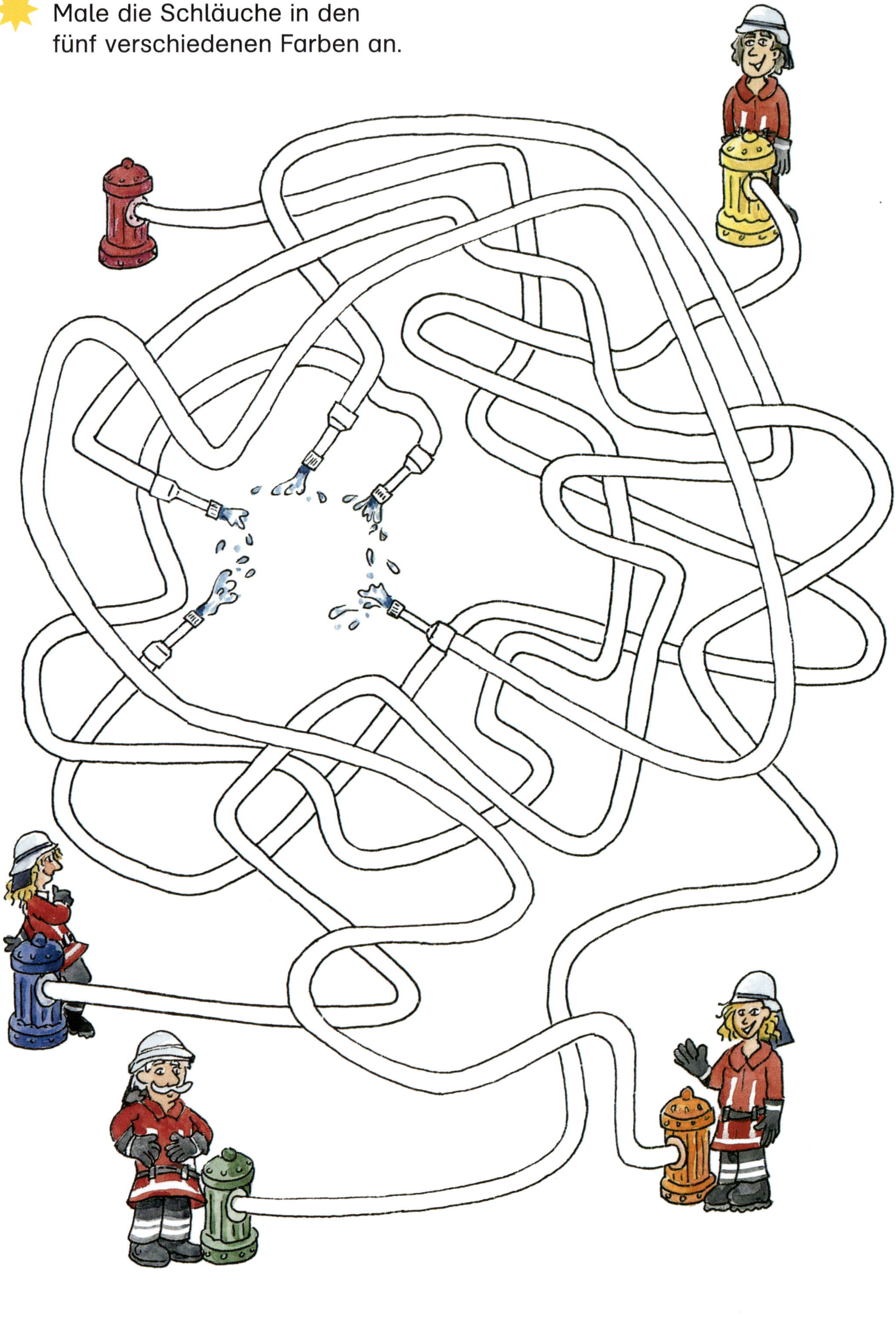

Kreuze an, wenn du ein *f* hörst.

Elterninfo: Beachten Sie bitte, dass Sie das *f* lautieren, d.h. sprechen Sie nicht *ef* sondern *f*. Als Bezeichnungen werden empfohlen: Feuer, Helm, Schaufel, Schlauch, Telefon, Feuerwehrmann, Uniform, Feuerwehrfrau, Leiter, Feuerwehrauto.

Auf dem Regenbogen

Fahre im Regenbogen mit der Drachenfigur (Seite 87) hin und her.

Zeichne bunte (Regen-)Bogen hinein.

Sprich diesen Vers dazu:

1
Regen, Regen, Sonne,
2
ich tanze voller Wonne!

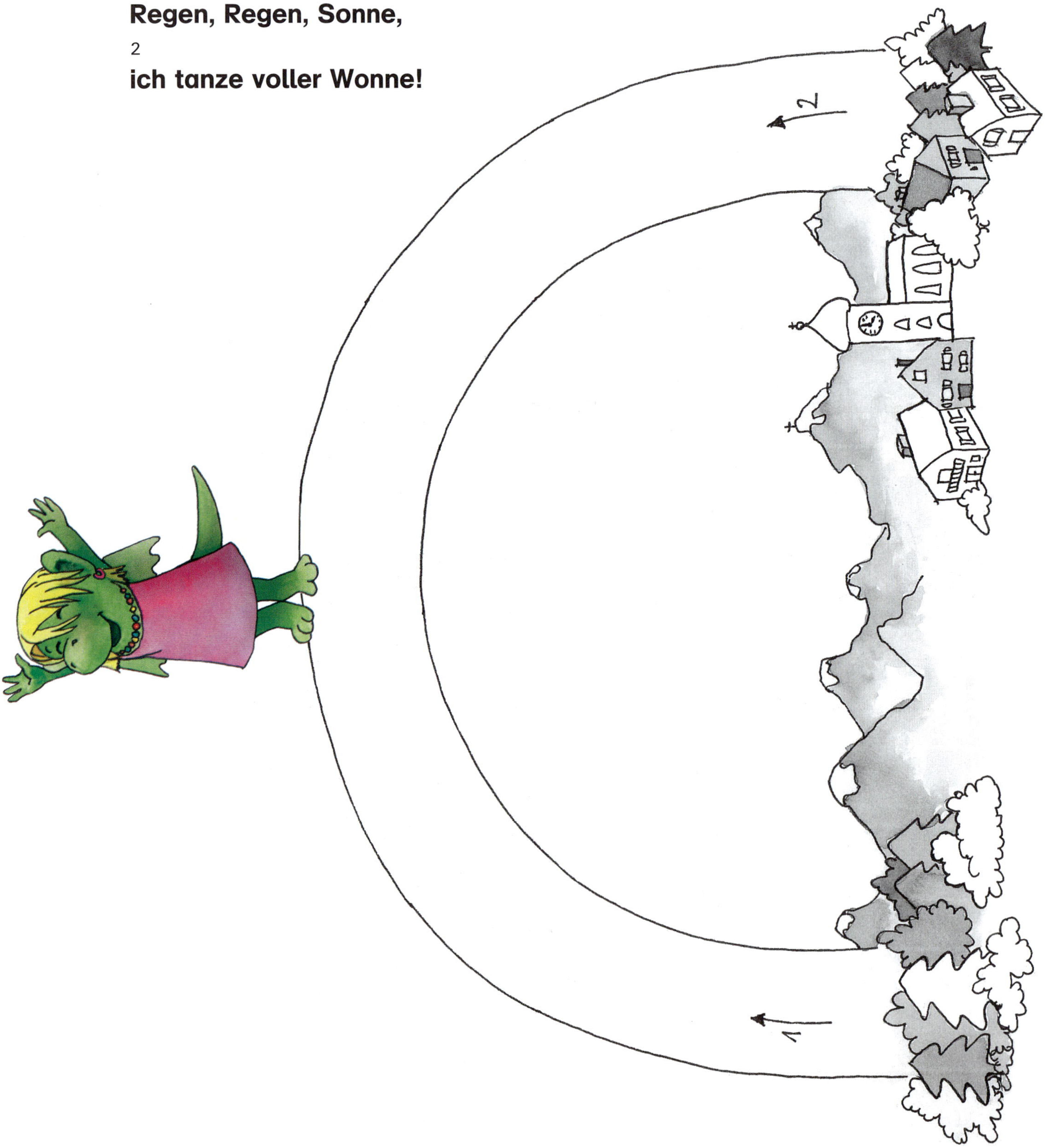

Zeichne die Bahn als „liegende Acht“ nach.

Sprich diesen Vers dazu:

1
Tausendmal und mehr
1
roll ich hin und her.

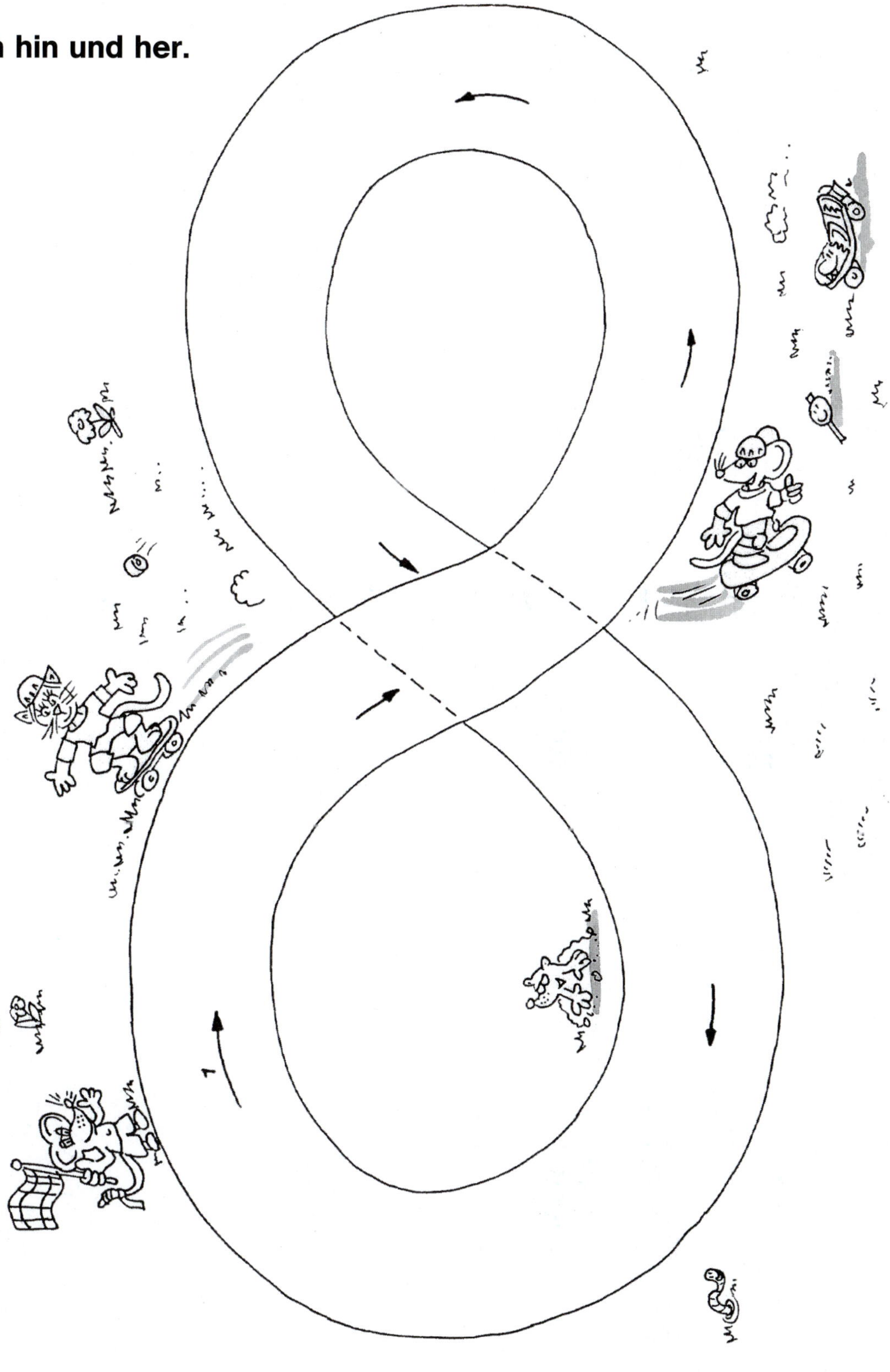

Male alles bunt an.

Schau genau und male an, was Familie Eichhörnchen futtern kann.

Elterninfo: Machen Sie mit Ihrem Kind Waldspaziergänge. Wenn Sie unter einem Baum zerrupfte Tannenzapfen entdecken, befindet sich vielleicht in der Krone ein Eichhörnchennest (Kobel).

Da stimmt doch was nicht!

Ein kleiner Drache hat in jedes Bild zwei Fehler gemalt.
Findest du sie? Mache daran ein X.

Frühling

Sommer

Herbst

Winter

Elterninfo: Lassen Sie Ihr Kind jedes Bild beschreiben und begründen, warum etwas nicht hineinpasst. Regen Sie Ihr Kind an, die momentane Jahreszeit in der Natur wahrzunehmen.

Die Sterntaler

Wenn du die Sterne mit 6 Zacken ☆ alle anmalst, siehst du, was das Kind sich am meisten wünscht.

Elterninfo: Lesen Sie Ihrem Kind das Märchen von den Sterntalern vor. Märchen können bei Kindern übrigens seelische Spannungen abbauen.

Schreibe deinen Namen hier
in großen Druckbuchstaben auf.
Deine Eltern helfen dir gern.

Wenn du deine Buchstaben hier
wiederfindest, male sie farbig an.

A	B	C	D	E	F	G
H	I	J	K	L	M	N
O	P	Q	R	S	T	U
V	W	X	Y	Z	A	B
D	E	F	G	H	I	K
L	M	N	O	P	R	S
T	U	V	A	E	F	H

Schneide die Buchstaben aus Zeitungen oder
Prospekten aus, und klebe damit hier deinen
Namen auf.

Elterninfo: Lassen Sie Ihr Kind Buchstaben aus unterschiedlichen Materialien formen, z.B. aus Knetmasse, Teig (Buchstaben backen!) oder bunten Fäden.

Schmetterling-Spiel

genau hinschauen
und vergleichen

Du kannst den Schmetterling alleine ausmalen oder mit einem Partner als Würfelspiel spielen.

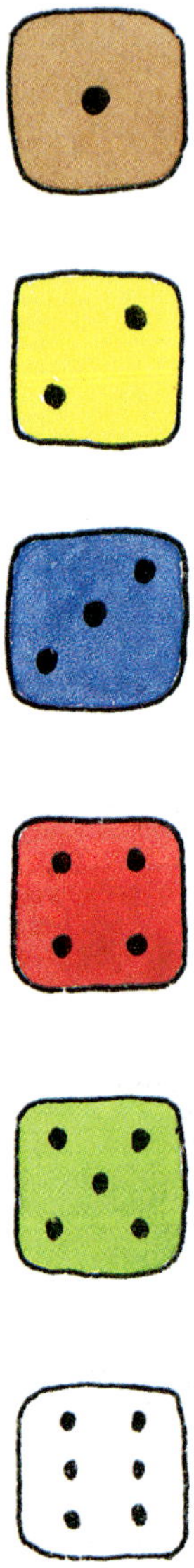

Du darfst dir ein Feld aussuchen.

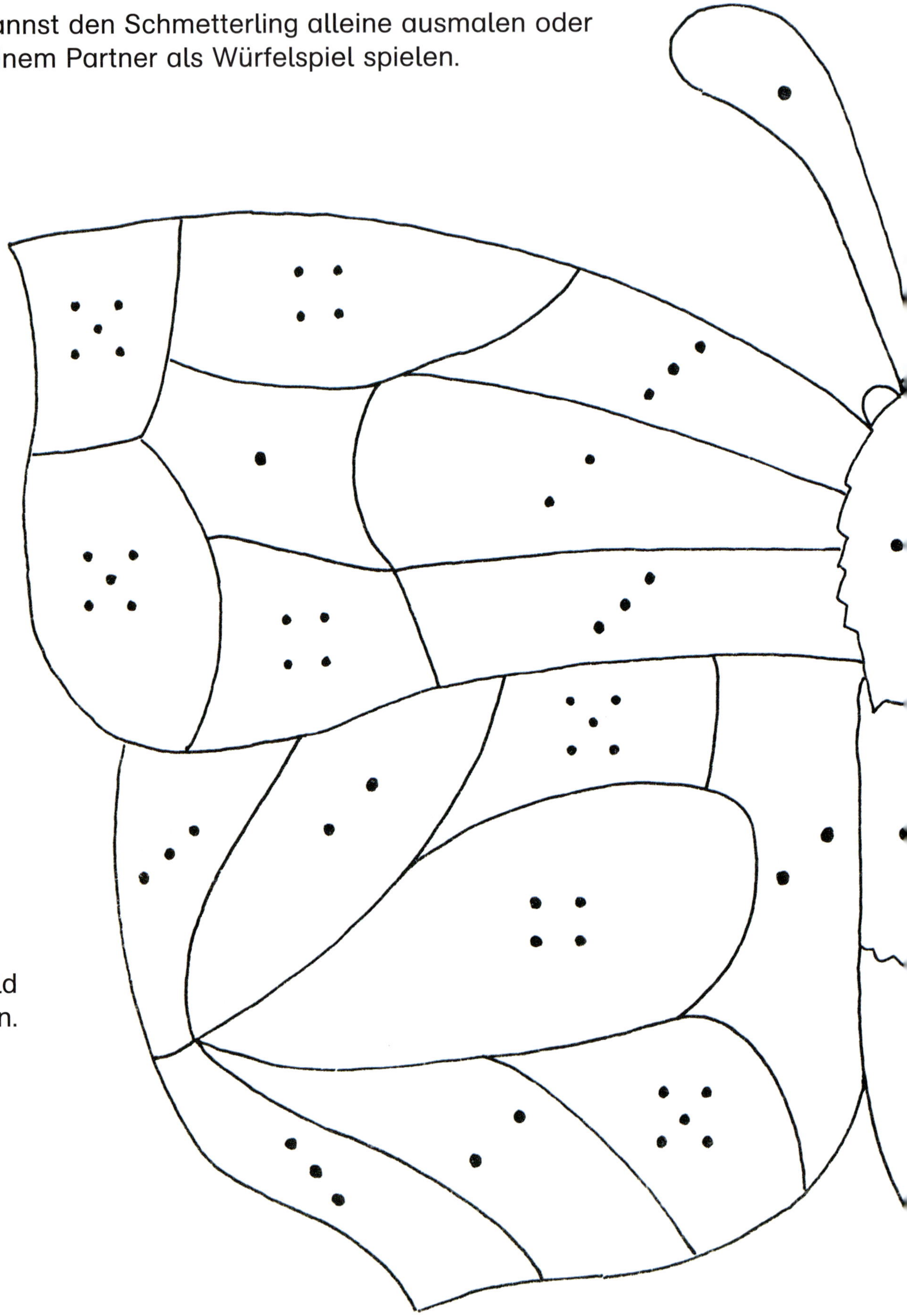

Jeder Partner hat eine Seite als Spielfeld. Es wird abwechselnd gewürfelt und ein Feld mit der gewürfelten Punktzahl in der angegebenen Farbe gekennzeichnet.

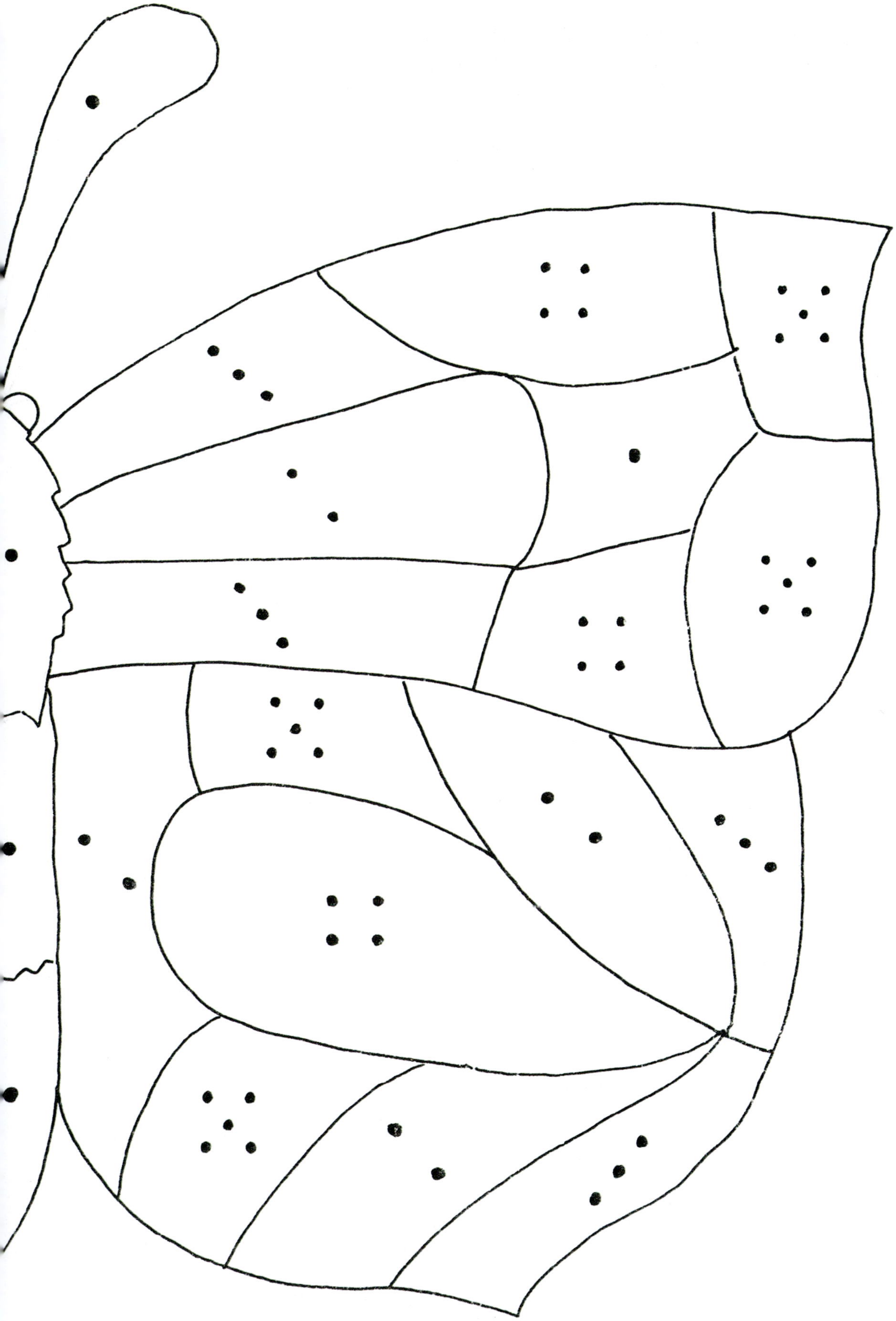

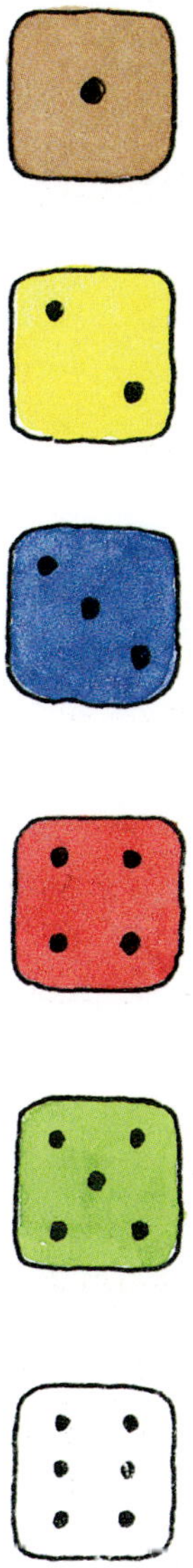

Du darfst dir ein Feld aussuchen.

Ist kein Feld mit der gewürfelten Anzahl mehr frei, verfällt der Zug. Der Partner ist an der Reihe. Nach Spielende malt jeder Spieler seine Felder vollständig aus.

Alles in Geheimschrift

genau lesen und Gemeinsamkeiten erkennen

Schneide die Buchstaben-Kärtchen (Bastelbogen Seite 94) aus. Klebe sie unter das entsprechende Bild, und lies die Wörter.

 = A 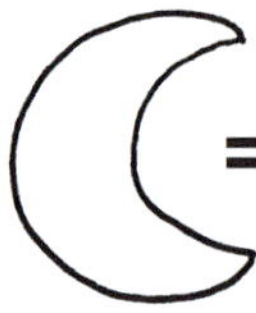 = M  = I  = O

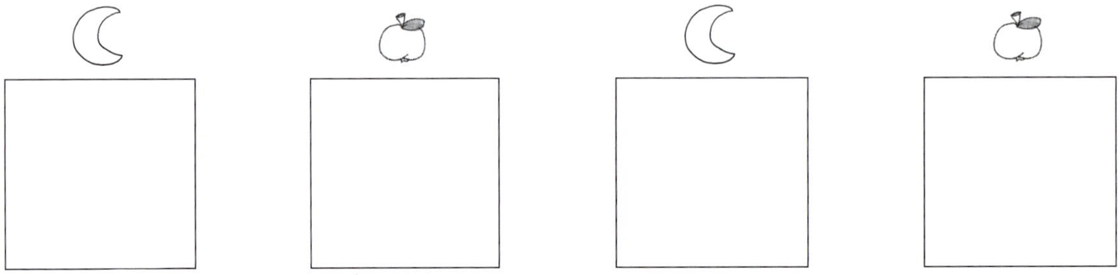

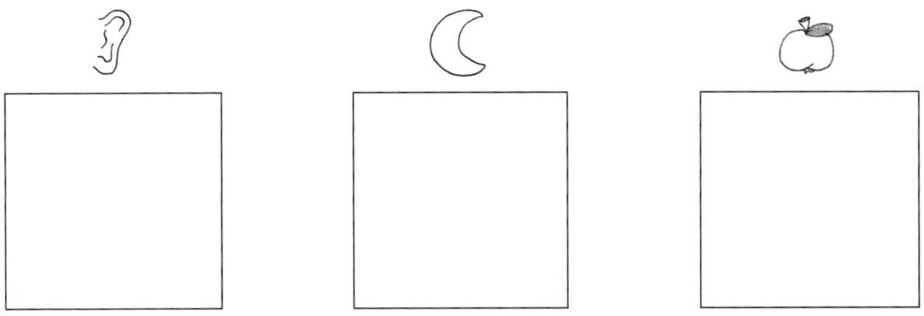

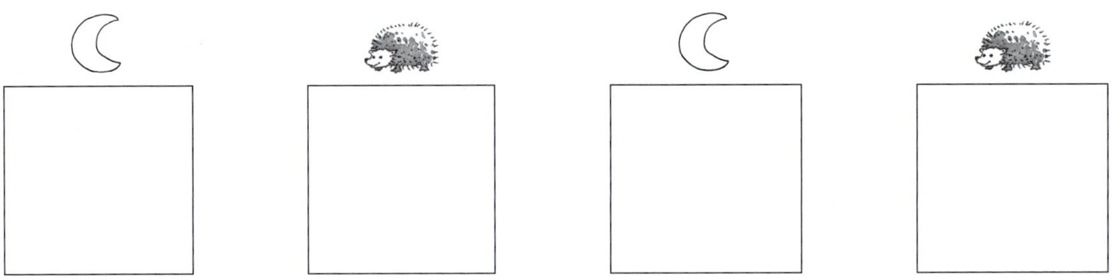

Wie heißt der Kater?

Elterninfo: Finden Sie mit Ihrem Kind noch andere sinnvolle Kombinationen aus diesen Buchstaben, z. B. Omi, Mami ...

Lenny möchte sehen, ob die Früchte gut sind und schaut sie auch von innen an.
Kannst du mit einem Strich die ganzen Früchte mit den richtigen Hälften verbinden? Male dann die Früchte so an, wie du sie kennst.

Elterninfo: Lassen Sie Ihr Kind mit verbundenen Augen Früchte durch Fühlen, Riechen und Schmecken bestimmen.

Körperwahrnehmung
links und rechts

Lege deine linke Hand auf diese Seite, und umfahre sie mit einem Stift.

Elterninfo: Bevorzugt Ihr Kind generell seine linke Hand, so lassen Sie es gewähren. Versuchen Sie nicht, es umzustellen. Auf Seite 91 finden Sie einen Fingerreim.

Lege deine rechte Hand auf diese Seite, und umfahre sie mit einem Stift.

Bedrucke die abgebildeten Hände: Nimm dazu mit dem feuchten Finger die Farbe aus dem Wasserfarbkasten.

Wer lag da im Schnee?

Findest du heraus, wer da im Schnee lag?
Male jedes Muster mit einer anderen Farbe nach.

Findest du heraus, wer zum Eis und wer zum Imbiss läuft? Male einen Pfeil in diese Richtung. Danach darfst du alles anmalen.

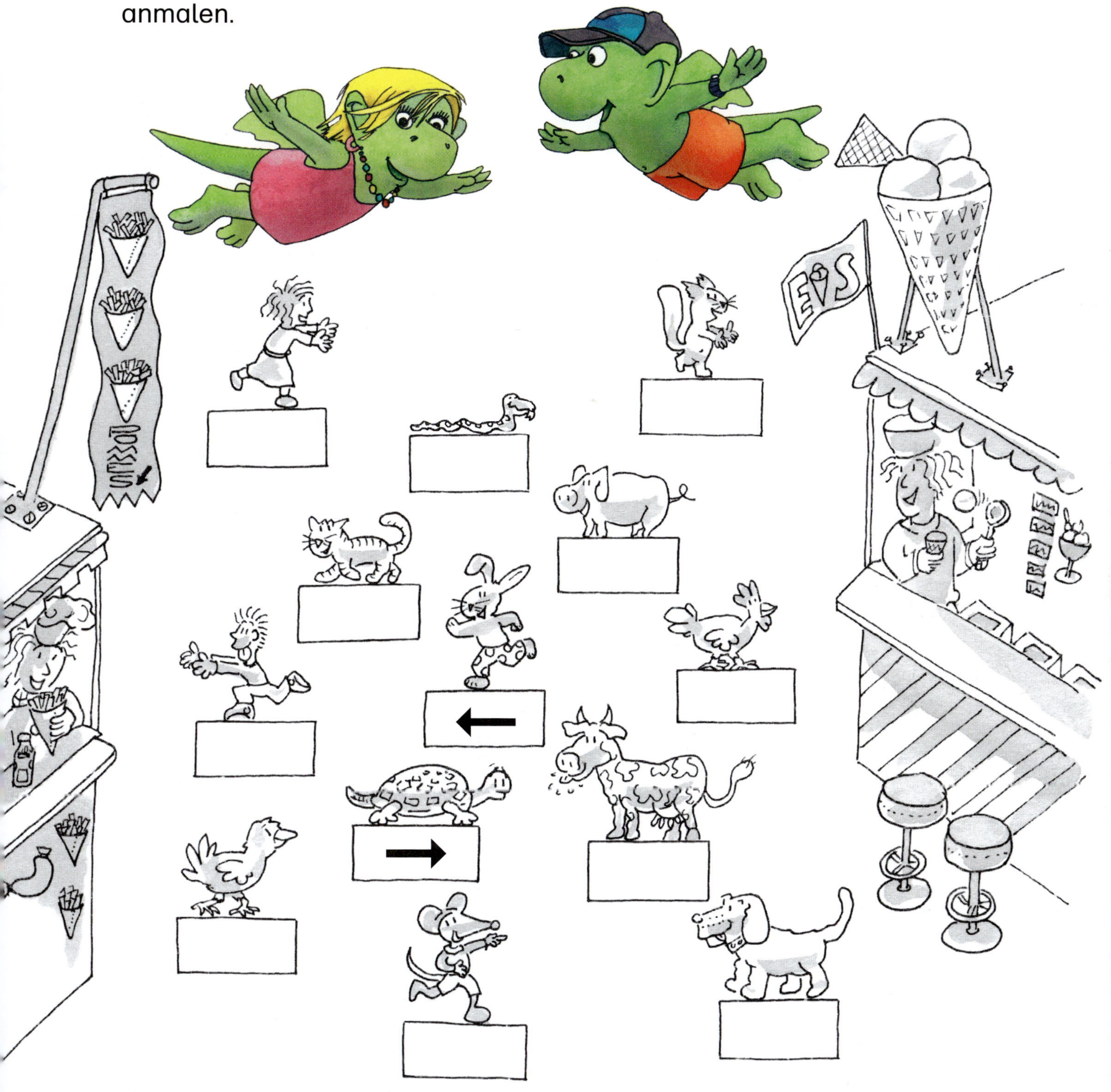

Elterninfo: Benutzen Sie in Alltagssituationen z.B. beim Anziehen, beim Aufräumen oder im Straßenverkehr möglichst oft die Begriffe rechts und links. Ihr Kind sollte immer wieder die Richtung selbst benennen.

So ein Regenwetter!

Was brauchst du bei Regenwetter?
Zeichne Pfeile!

Weißt du, wie der Hase läuft?

Der kleine Drache möchte den Hasen Hoppel fangen. Aber der hat einen Trick.

Du findest ihn heraus, wenn du mit dem Bleistift immer zur nächsten Karotte ziehst.

Kannst du auch diese Körperhaltungen nachahmen?

Elterninfo: Diese Übungen zum „Körperschema" sind deshalb besonders wichtig, weil solche elementaren Erfahrungen die Orientierungsfähigkeit des Kindes im Raum schulen. Dies ist letztlich auch für die Fähigkeit, das Schreiben zu erlernen, von Bedeutung.

Hier sind einige Dinge kaputt. Mit einem Bleistift kannst du reparieren, was nicht in Ordnung ist. Male zum Schluss alles an.

Welcher Schatten gehört zum Kürbis? Und welcher Deckel passt?
Verbinde jeweils mit Linien.

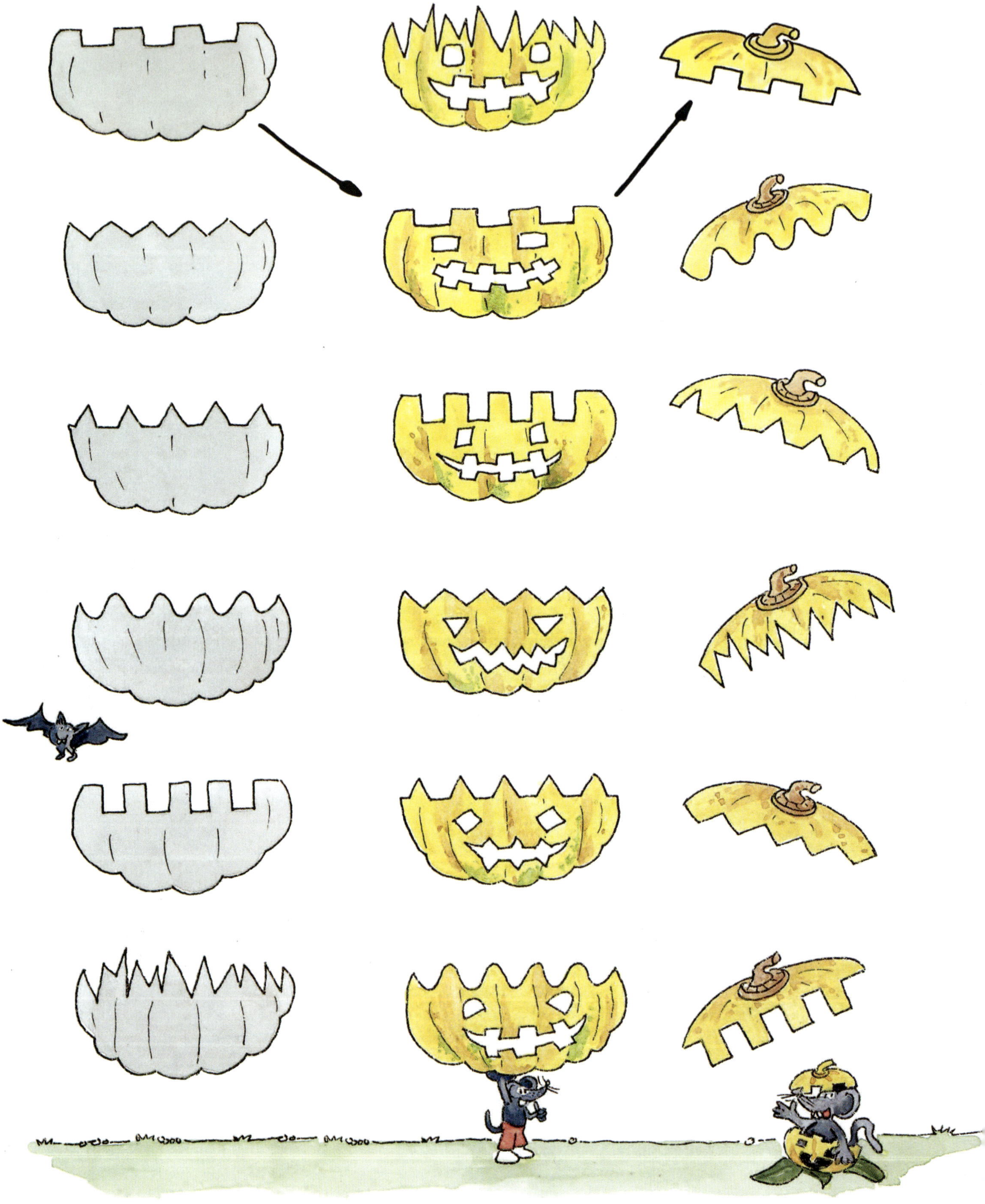

Wie kommt der Dompteur in die Manege?
Zeichne seinen Weg ein.

Kannst du den Kindern beim Suchen helfen? Wenn du die Zwillinge gefunden hast, male die zwei, die zusammengehören, immer gleich an. Zum Schluss darfst du das ganze Bild anmalen.

Meine Zwillings-
schwester ist weg!
Kasse
Geisterbahn
Meine auch!

Eine zerrissene Kette

Fädle die Perlen wieder auf!
Achte auf die richtige Reihenfolge:  …

Elterninfo: Legen Sie verschiedene Materialien (Erbsen, Bohnen, Nüsse, Rosinen, …) in eine bestimmte Reihenfolge. Ihr Kind soll diese Reihe fortsetzen.

Wo sind Puppe, Teddy, Schiff, Lastwagen und Ball?
Kreise ein, was du gefunden hast.

Farben aussuchen
und genau ausmalen

Wenn du schon einmal am Meer warst,
findest du hier bestimmt die richtigen Farben!

Findest du alles, was kuschelig weich ist? Male es an!

Elterninfo: Wenn Sie mit Ihrem Kind „Blinde Kuh“ spielen, legen Sie ausgewählte Gegenstände in eine Kiste und lassen das Kind mit verbundenen Augen die Teile einzeln herausnehmen und benennen. Versuchen Sie es selbst auch!

Was gehört in den Schulranzen?
Zeichne Pfeile.

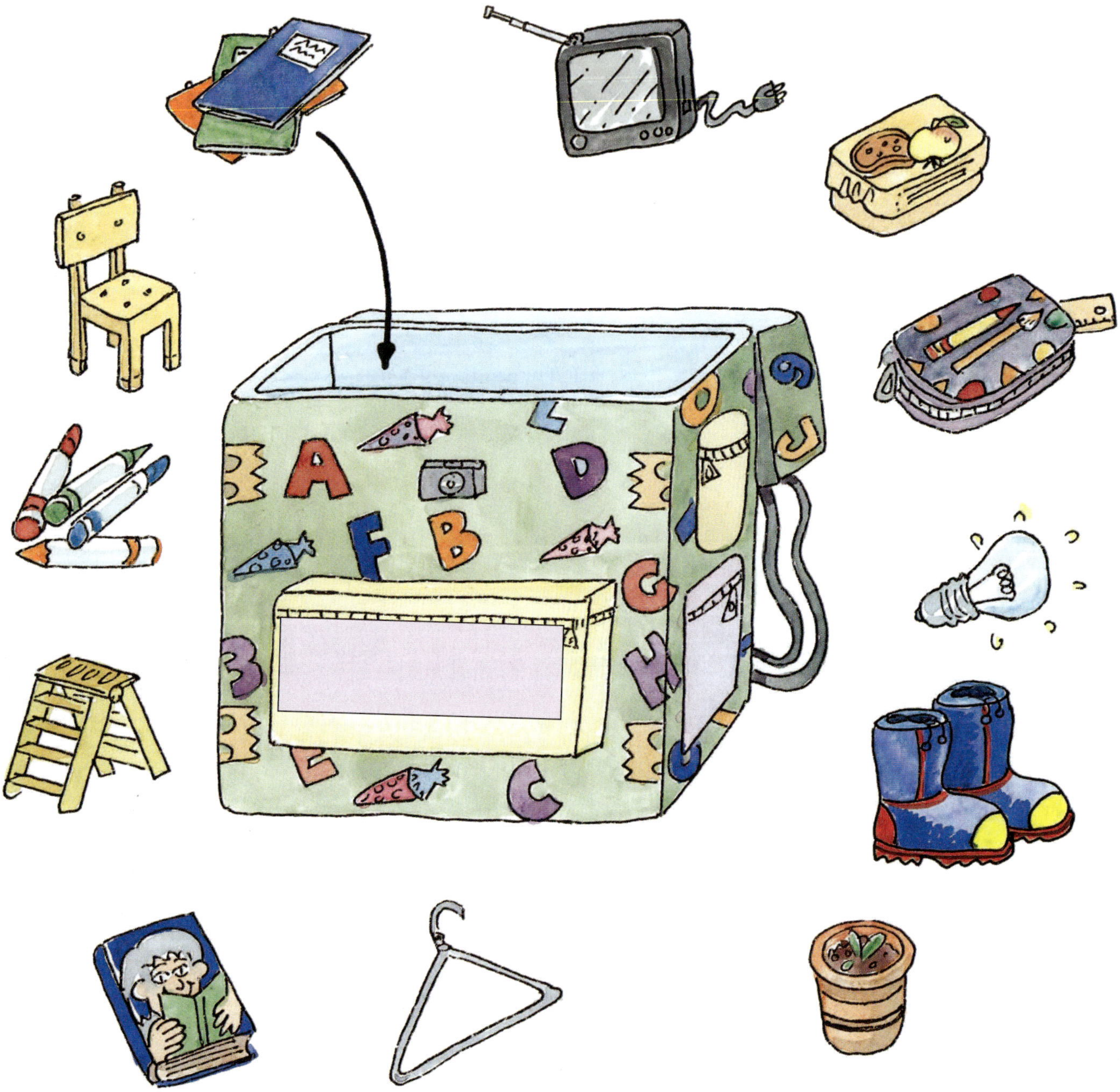

Schreibe deinen Namen in das freie Feld!

So wohl fühlst du dich hoffentlich auch! Verbinde die Punkte, und male die Fische dann an.

Elterninfo: Wie wär's mit dem Zungenbrecher: „Fischers Fritz fischt frische Fische …“

Heut' ist Halloween!

Male die Kürbisgesichter fertig und anschließend bunt.

Male die Muster weiter.

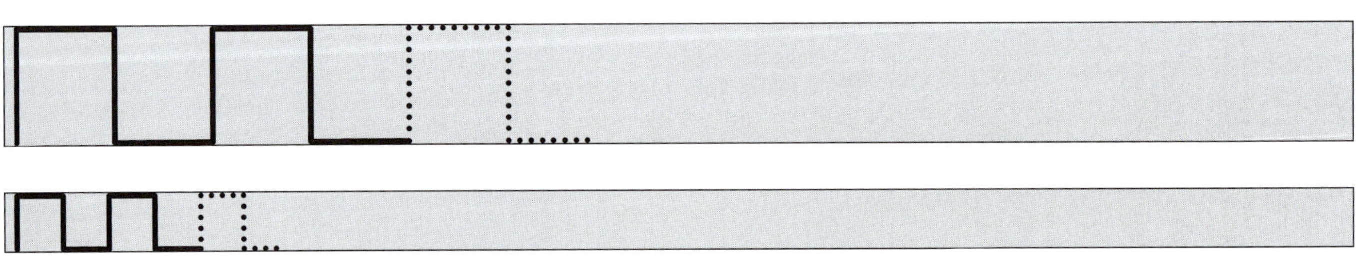

So bastelst du dir dein Lese-Karussell:

Mit den Buchstaben, die du in den ersten beiden Kapiteln kennenlernst, kannst du das Lese-Karussell spielen.

1. Schneide die beiden Scheiben auf Seite 78 und Seite 79 aus.
2. Bastle aus glatter Pappe eine kleine Scheibe mit einem Loch, die zwischen beide Scheiben gesteckt wird.
3. Verbinde alle Scheiben mit einer Musterklammer.
4. Schneide die Bild-Kärtchen auf dem Bastelbogen Seite 94 auch aus.

(kleine Zwischenscheibe)

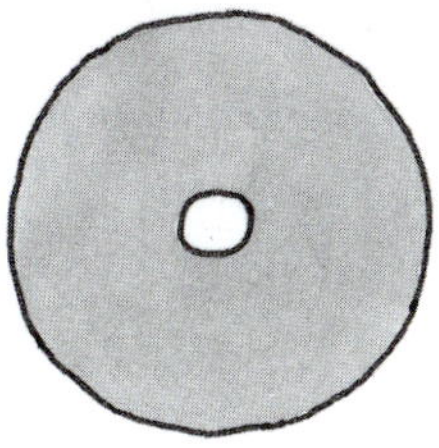

Bastelanleitung siehe Seite 77.

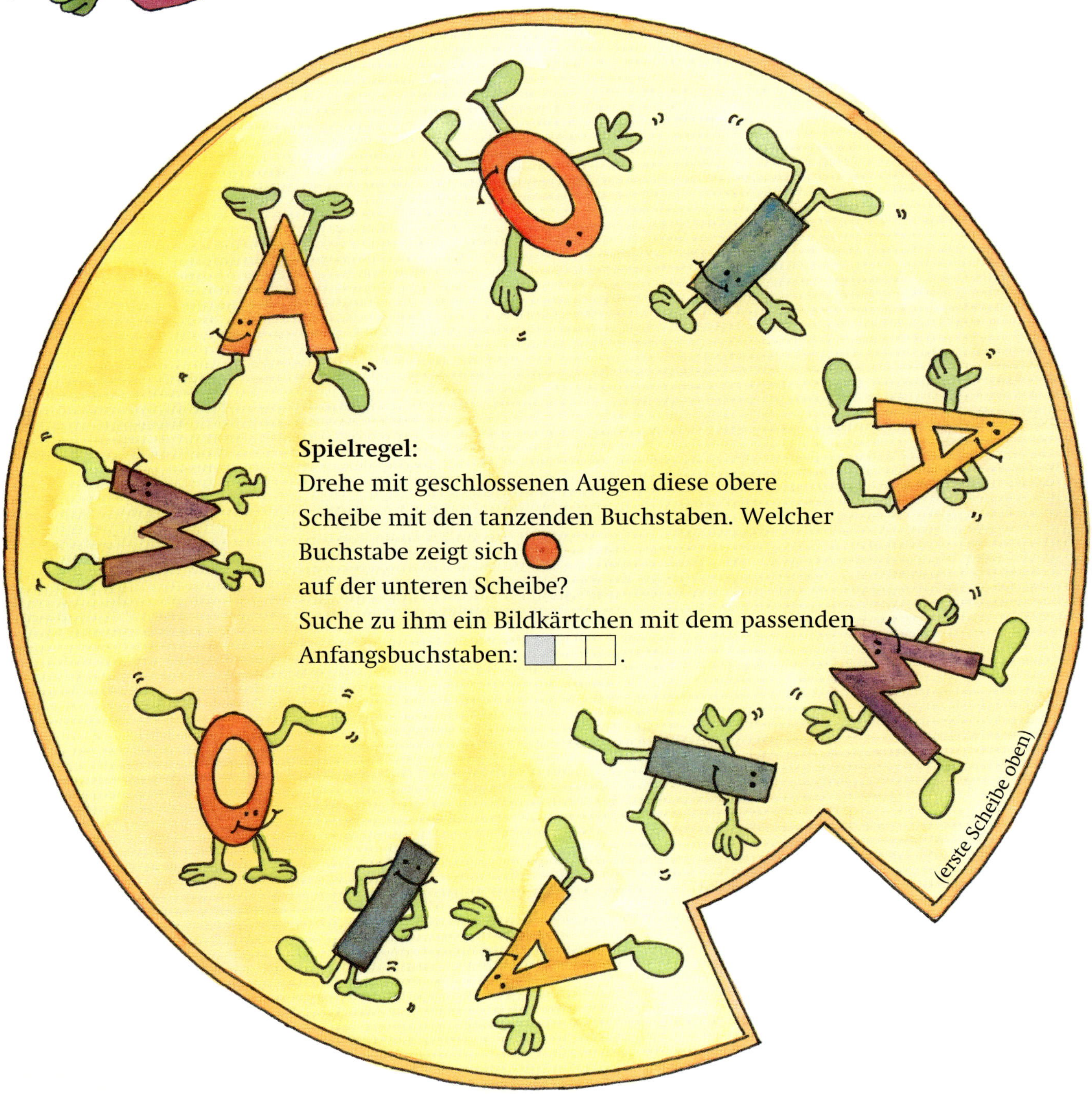

Spielregel:
Drehe mit geschlossenen Augen diese obere Scheibe mit den tanzenden Buchstaben. Welcher Buchstabe zeigt sich ● auf der unteren Scheibe?
Suche zu ihm ein Bildkärtchen mit dem passenden Anfangsbuchstaben: ▢▢▢.

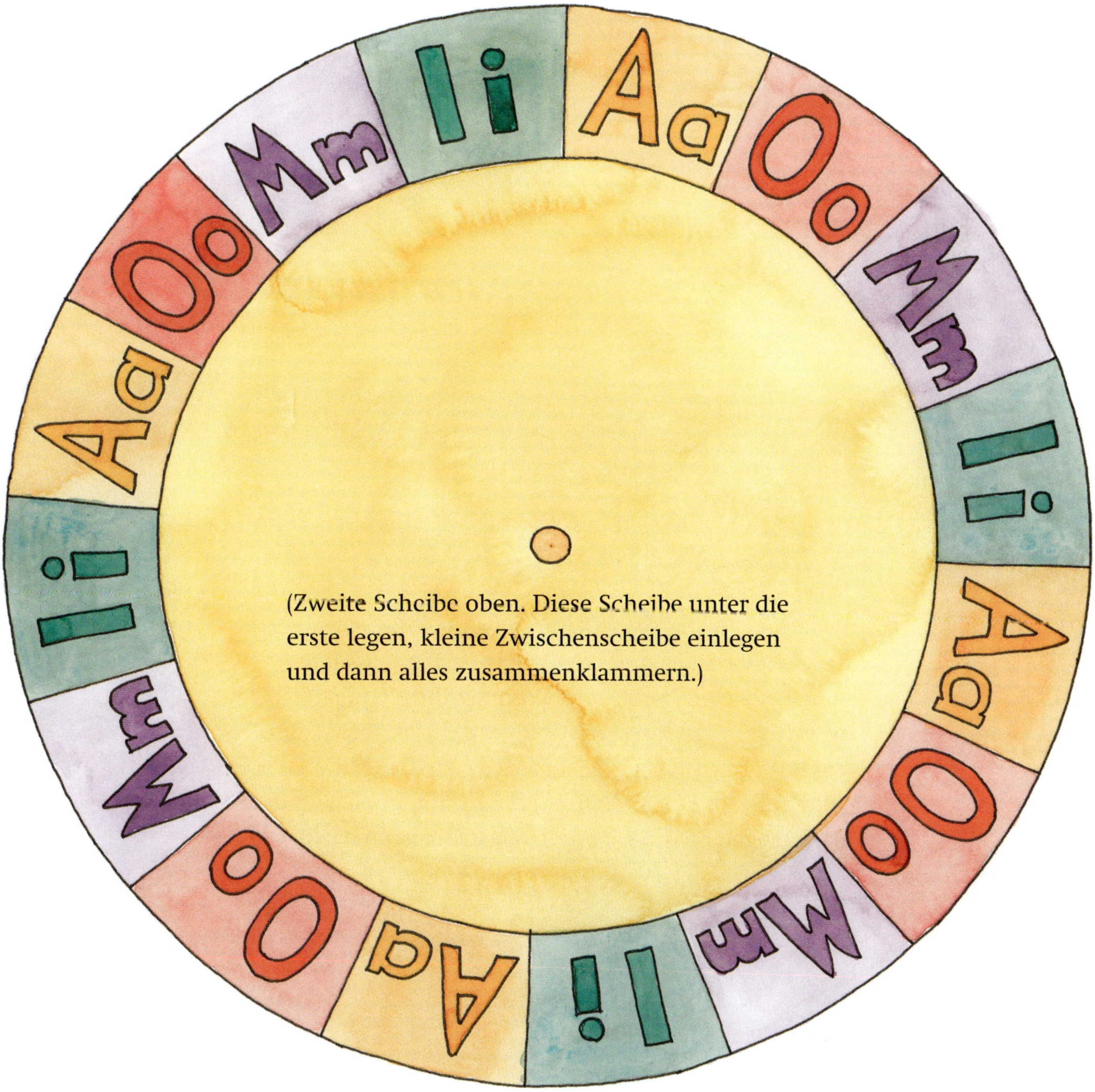

(Zweite Scheibe oben. Diese Scheibe unter die erste legen, kleine Zwischenscheibe einlegen und dann alles zusammenklammern.)

Tipp:
Beginnen Sie das Spiel damit, dass Ihr Kind zu den angezeigten Buchstaben Wörter mit dem passenden Anfangsbuchstaben findet. Wenn es diese Aufgabe leicht bewältigt, können Sie das Spiel erweitern: Ihr Kind soll dann Wörter suchen, die diese Laute in der Mitte oder am Wortende haben. Bildkärtchen dazu finden Sie auf dem Bastelbogen Seite 94. Basteln Sie selbst neue dazu!

Fahre auf dem Schneckenhaus mit der Drachenfigur (Seite 87).

Zeichne Spiralen ein.

Sprich diesen Vers dazu:

1
In diesem schönen Schneckenhaus,

2
ruht unser Drache sich heut' aus.

Findest du alle 10 Schnecken?
Kreise sie ein!

Salat
Karotten
LEO

Zeichne die Schirme fertig. Drehe das Buch dazu.
Male jeden Regenschirm anders an.

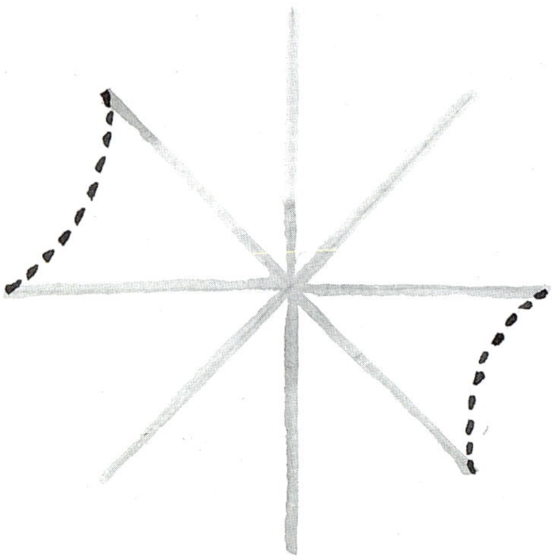
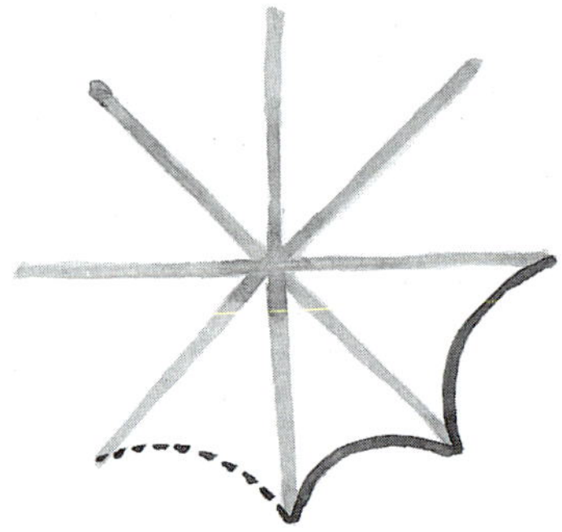
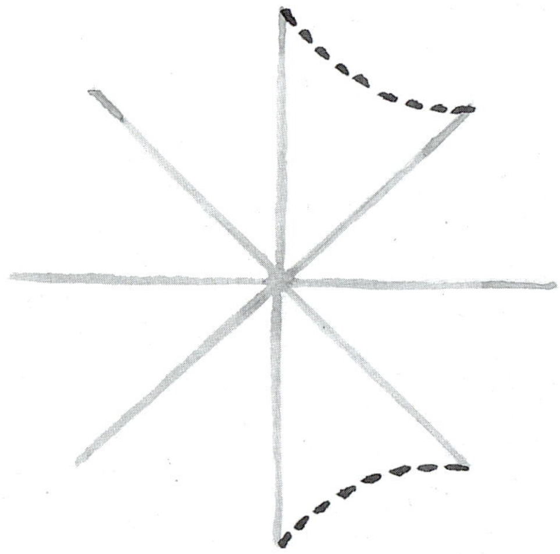
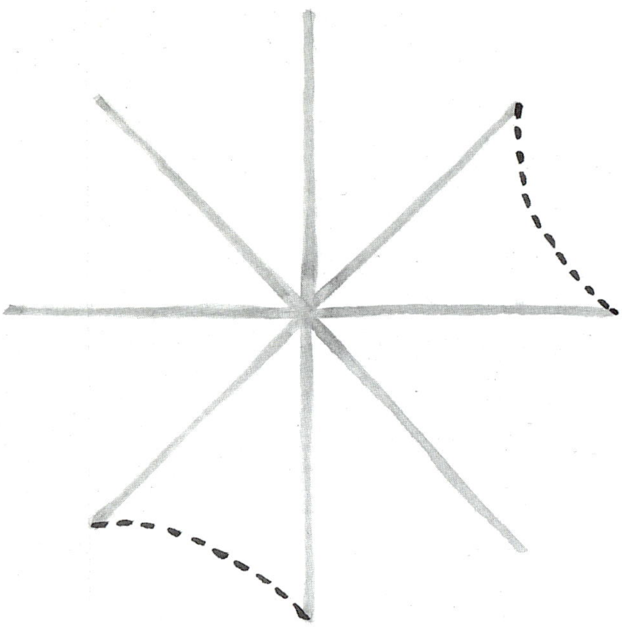
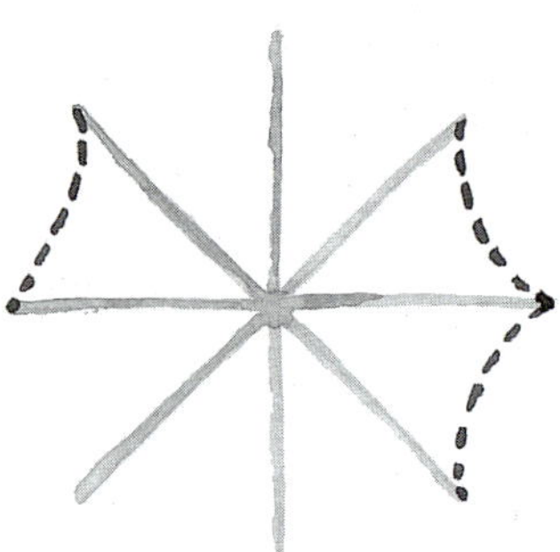

Schneide die Katze und den Schwanz aus!
Klebe den Schwanz an die Katze (bei X).

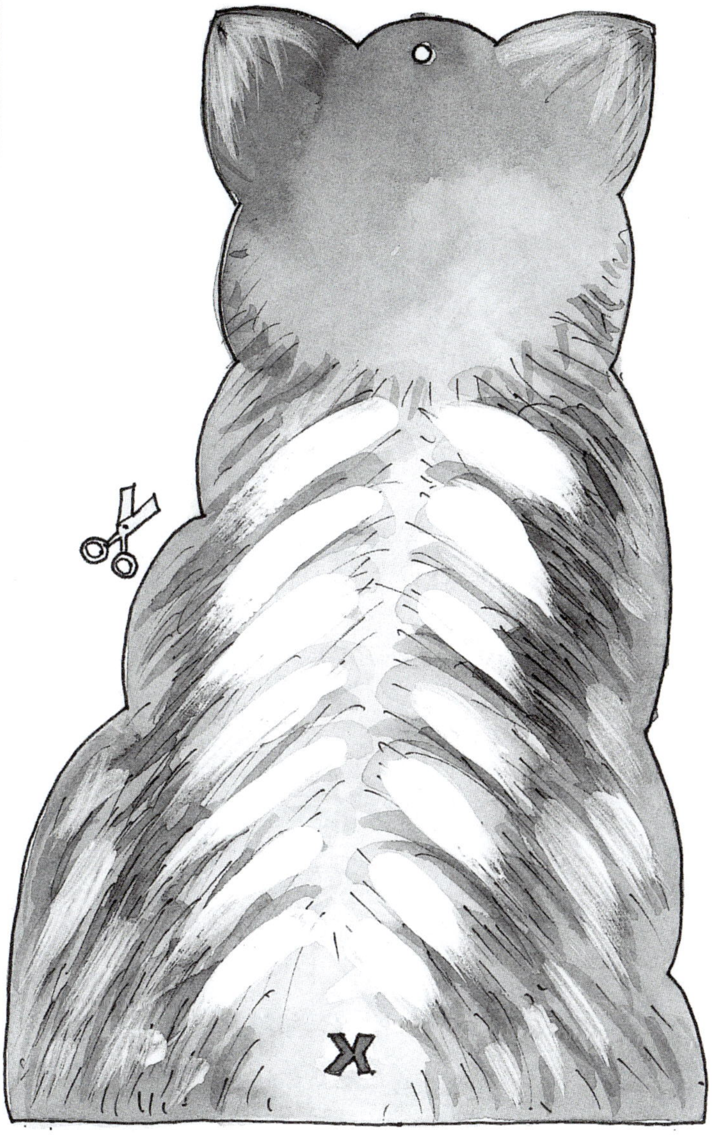

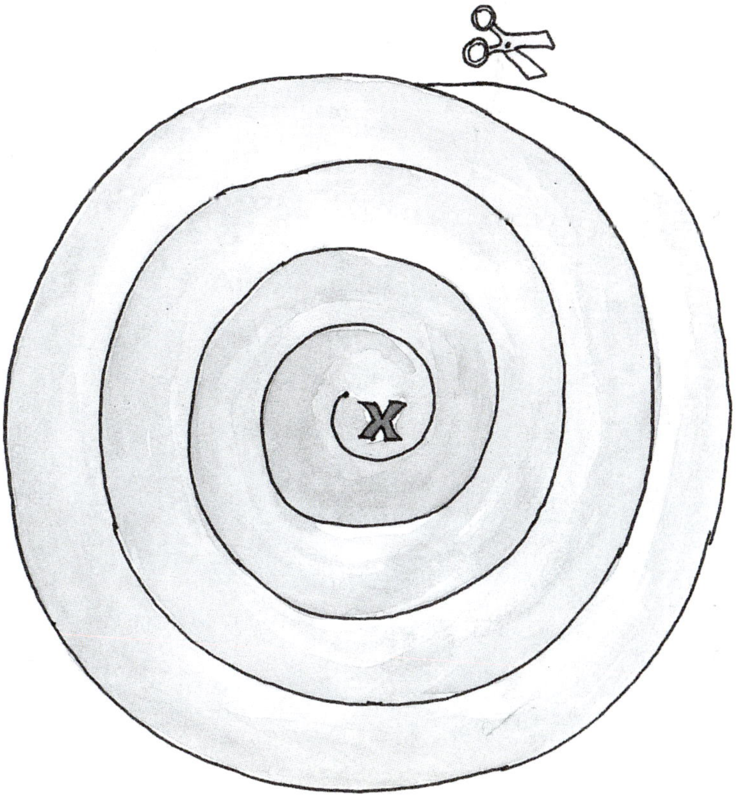

Elterninfo: Hängen Sie die Katze an einem Faden über einen warmen Heizkörper. Durch die aufsteigende Wärme dreht sich der Schwanz besonders schön.

Schneide die Katze und den Schwanz aus!
Klebe den Schwanz an die Katze.

Schneide die Maus aus, und sticke die Umrisse mit Nadel und Faden nach. Wenn du magst, klebst du ihr einen Schnurrbart aus „Besenhaar“ an.

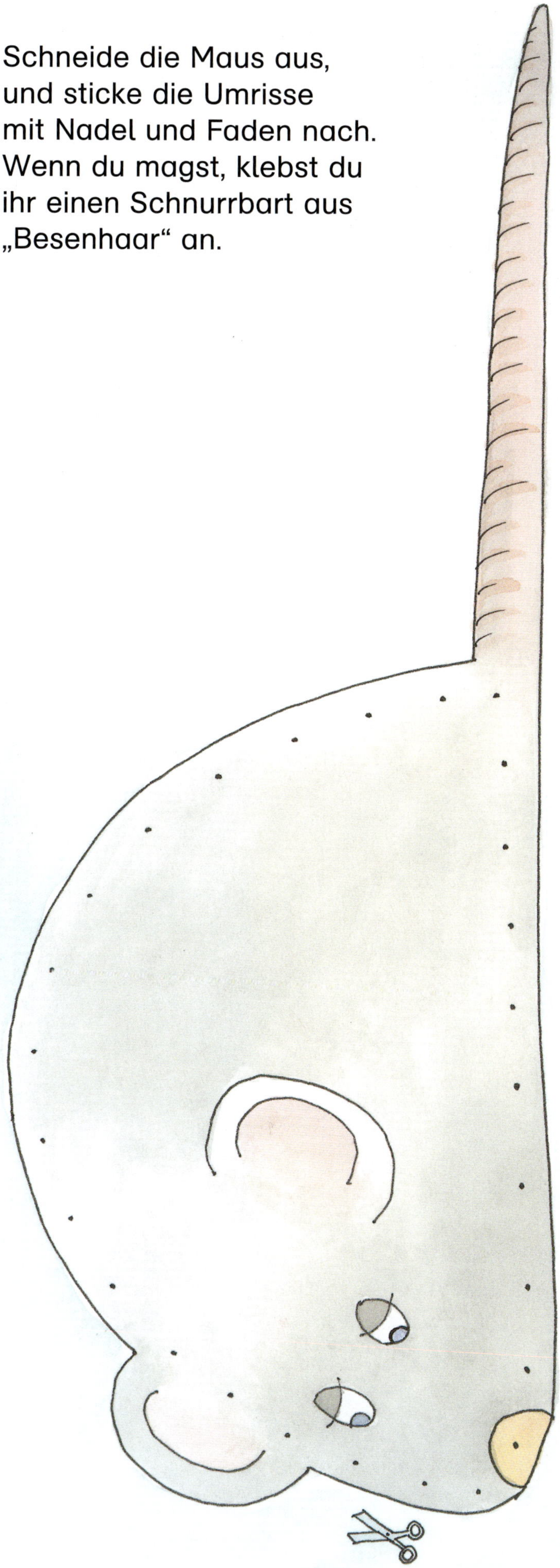

Hier kannst du deine Drachen-Spielfigur basteln!

Klebe die Figur hier auf, dann steht sie besser!

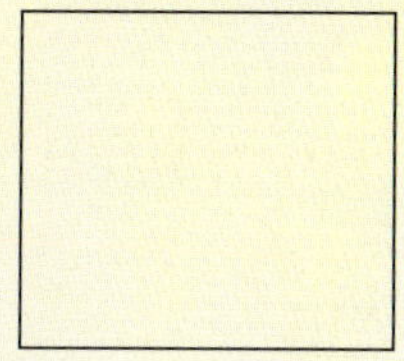

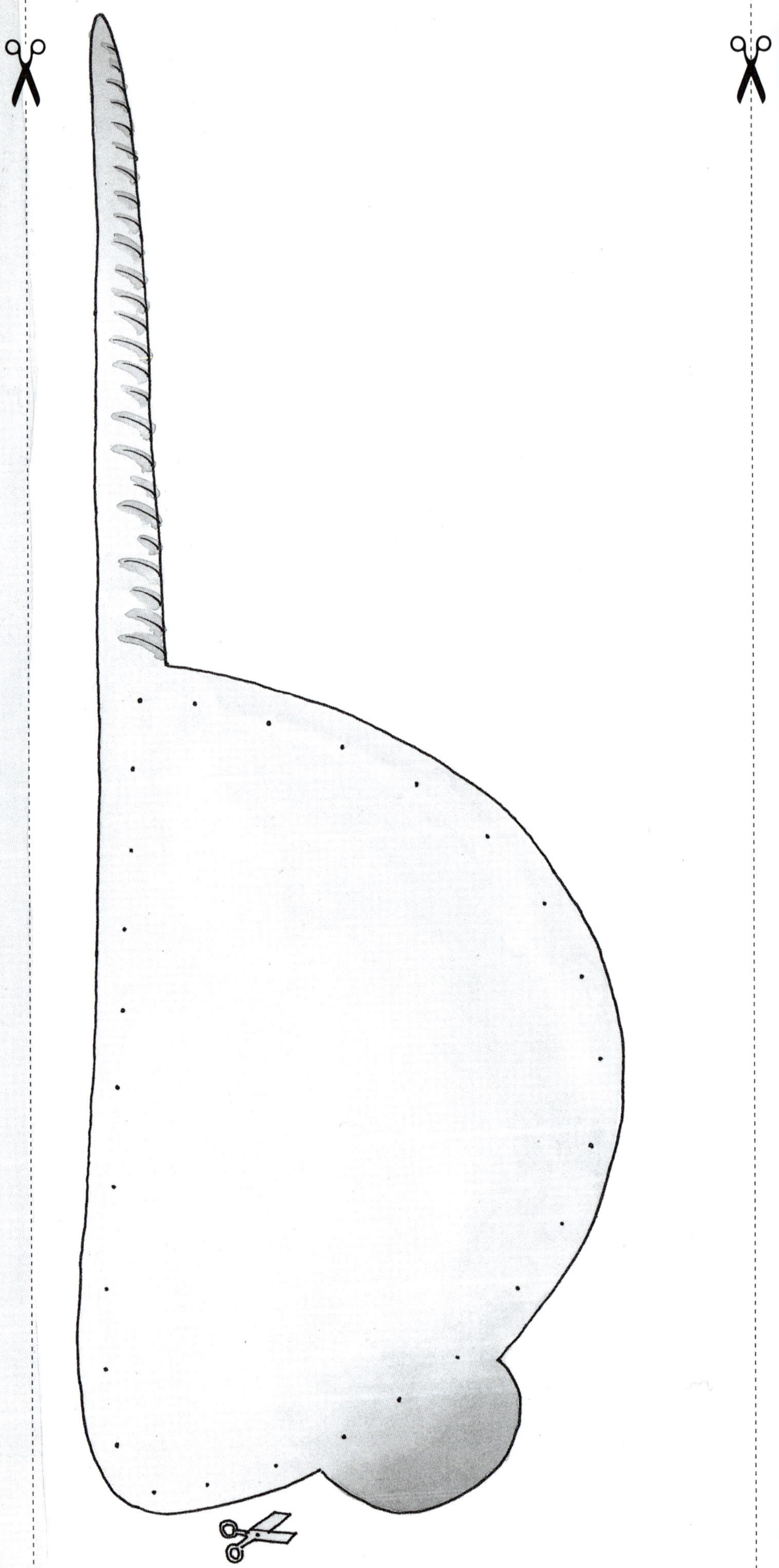

Zeichne jeder Schnecke ein Häuschen auf den Rücken, und male sie an.

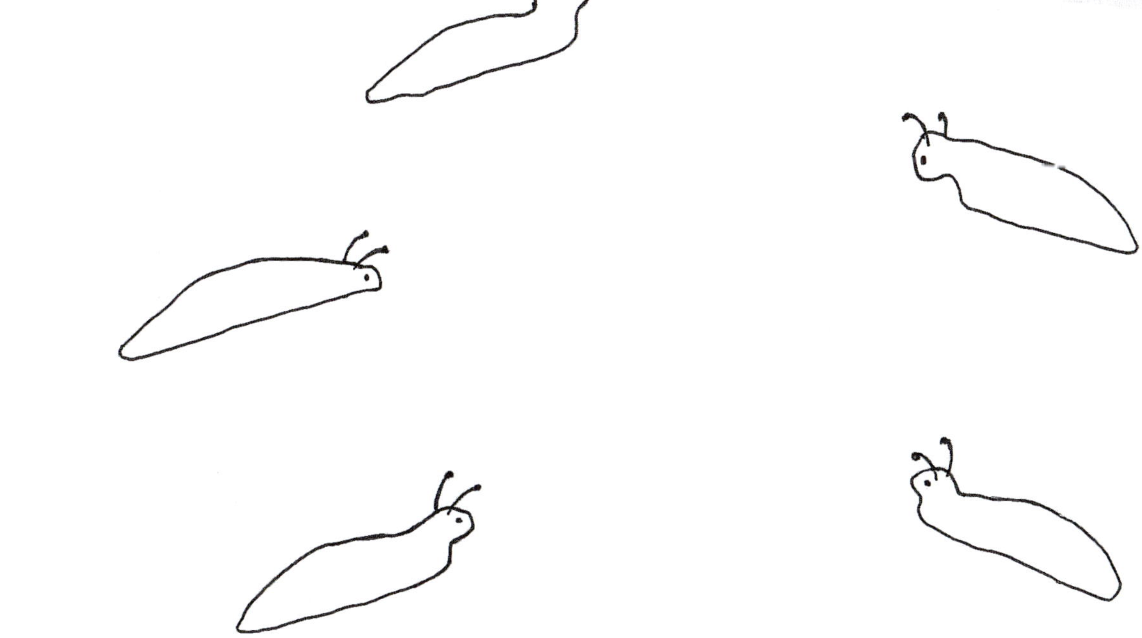

Elterninfo: Schneiden Sie einen Stängel Löwenzahn an beiden Enden mehrmals ein, und legen Sie ihn ins Wasser. Was passiert?

Ausgetrickst!

Hoppel möchte sehen, wo der kleine Drache wohnt. Aber gleich nach dem Start hat er sich verlaufen.

Zeig ihm die Spur, die zum Ziel führt.

Spielidee zu Seite 35 und 58: Fingerreim

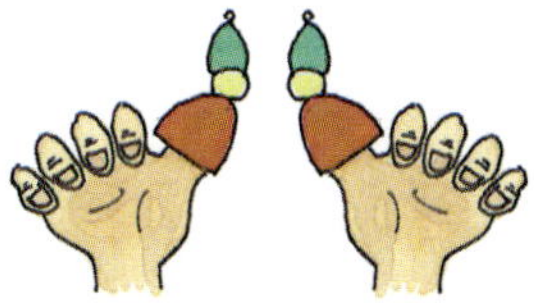

Zwei kleine Zwergenkinder
suchen Holz im Wald.
(Daumen aufrichten)

Zwei kleine Zwergenkinder
sägen, dass es schallt.
(Zeigefinger aufrichten)

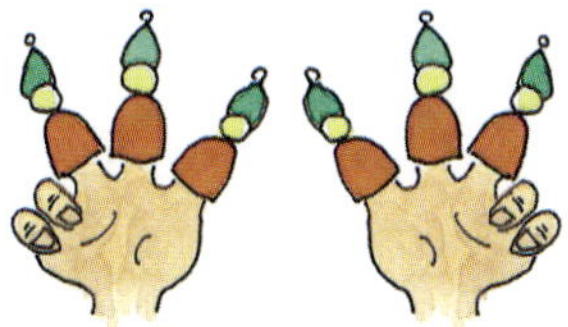

Zwei kleine Zwergenkinder
bau'n ein Haus mit Krach.
(Mittelfinger aufrichten)

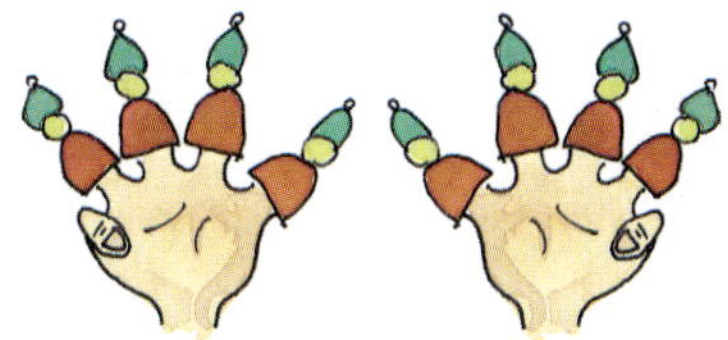

Zwei kleine Zwergenkinder
decken jetzt das Dach.
(Ringfinger aufrichten)

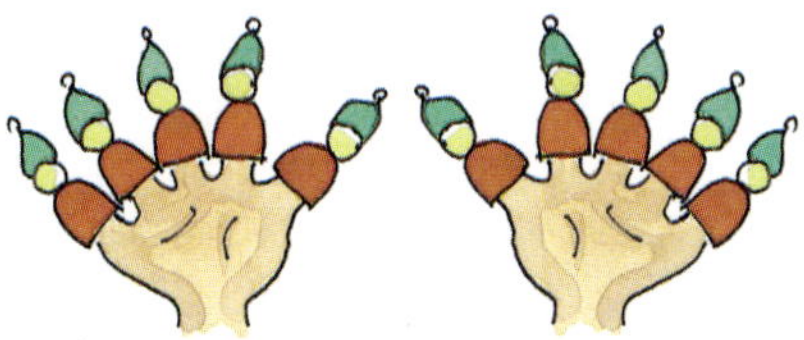

Zwei kleine Zwergenkinder
fegen sauber aus.
(kleine Finger aufrichten)
Zehn kleine Zwergenkinder
gehen nun ins Haus.
*(mit den zehn Fingern „gehen",
dann mit den Händen ein
„Hausdach" formen)*
Alle kleinen Zwergenkinder
winken fröhlich 'raus.
(mit allen Fingern „winken")

Bastelbogen: Zauberei mit Papier

So wird der Reihenschnitt gemacht:

1. Für jede Figur wird ein Stück weißes oder farbiges Papier benötigt, das genau dreimal so breit ist wie das Rechteck, in dem sie sich befindet. An den langen Kanten wird es in Ziehharmonikaweise so gefaltet, dass drei gleich große Teile übereinanderliegen. (Es sind auch mehrere Lagen möglich, für Kinder aber schwerer zu handhaben.)
2. Die Figur wird abgepaust, auf dünne Pappe geklebt, als Schablone ausgeschnitten und auf die obenliegende Seite der „Ziehharmonika" aufgezeichnet. Dabei müssen die Teile ausgespart werden, die an den langen Kanten anliegen.
3. An den vier Ecken mit Tacker oder Büroklammern zusammenheften.
4. Ausschneiden. Bitte darauf achten, dass die an den langen Kanten liegenden Teile nicht abgeschnitten werden.
5. Figuren auseinanderklappen und beliebig anmalen. Nach eigener Vorstellung z.B. an der Fensterscheibe gruppieren.

Tipp: Wenn Tonpapier benutzt wird, können die Figuren als Gruppe auch stehen.

Seite 56	Seite 56	Seite 56	Seite 56	Seite 56	Seite 56	Seite 56
Seite 56	Seite 56	Seite 56	Seite 56	Seite 56	Seite 56	Seite 56

[ ][m][ ]	[ ][ ][m]	[ ][ ][m]	[M][ ][ ]	[M][ ][ ]
[ ][ ][a]	[ ][ ][a]	[A][ ][ ]	[A][ ][ ]	[ ][m][ ]
[ ][ ][i]	[I][ ][ ]	[I][ ][ ]	[ ][a][ ]	[ ][a][ ]
[O][ ][ ]	[O][ ][ ]	[ ][i][ ]	[ ][i][ ]	[ ][ ][i]
	[ ][o][ ]	[ ][o][ ]	[ ][ ][o]	[ ][ ][o]

Buchstaben-Kärtchen für Seite 56

M	M	M	M	M	M	A
A	A	I	I	I	O	O

Bild-Kärtchen für das Lese-Karussell Seite 77–80

Erstes Rechnen · Konzentration

Ich heiße ________________________

Ich bin: ein Mädchen  ☐ ein Junge  ☐

Klebe so viele Kerzen in den Kranz, wie du bei deinem nächsten Geburtstag haben wirst.

So viele Kerzen habe ich bei meinem nächsten Geburtstag:

Dann bin ich ☐ Jahre alt.

Schneide das Bild mit der richtigen Fingerzahl aus, und klebe es in das Kästchen.

Isabel und Thilo suchen auf dem Flohmarkt etwas Besonderes.
Kreise alle Sachen ein, die nur einmal da sind.

Du darfst die große 1 mit Farbstiften ausmalen und sie mit bunten Fäden oder Papierschnipseln bekleben.

Schreibe in das Kästchen bei Obst und Gemüse eine 1, wenn nur ein Teil von der Sorte da ist.

Elterninfo: Ihr Kind kann anschließend auch die mehrfach vorhandenen Stücke zählen, wenn es selbstständig dazu in der Lage ist.

Das gibt es ja zweimal!

Male die Dinge, die zweimal da sind, gleich an, und verbinde sie mit einem Strich.

Elterninfo: Lassen Sie Ihr Kind möglichst viele Dinge finden oder nennen, bei denen immer zwei zusammengehören (z.B. Schuhe, Strümpfe usw.).

- Male die große 2 mit vielen Farben bunt an. Du kannst sie auch mit Fäden oder Vogelsand bekleben.
- Male bei der langen Perlenkette abwechselnd 2 Perlen rot und 2 Perlen blau.

Elterninfo: Lassen Sie Ihr Kind Perlen auffädeln. Es kann sich dabei an die Vorlage halten oder auch nach eigener Wahl arbeiten.

Beim Tanz in der Scheune haben nicht alle Tiere gleichzeitig Platz. Suche von jeder Familie immer drei aus, die zuerst hineindürfen. Kreise sie ein.

Die große 3 darfst du bunt ausmalen.

Schneide die Bilder, auf denen du 3 Dinge findest, aus.
Klebe sie in die Kästchen. Schreibe immer eine 3 in die Kreise.

Male alle Tiere an, die auf vier Beinen laufen.

Bist du ein 4-Finder?

Male die große 4 mit vielen Farben aus, und schreibe jede kleine 4 mit einem Buntstift nach.

Elterninfo: Gehen Sie doch mit Ihrem Kind in seiner Umgebung auf „Zahlenjagd". Auf Seite 161 finden Sie die Anleitung für dieses Spiel.

Schau dir das bunte Treiben auf der Wiese genau an. Kreise ein: alle Blumen, die 5 Blütenblätter und alle Marienkäfer, die 5 Punkte haben.

Male alles bunt an.

Elterninfo: Zum Erfassen der 5: Hand mit gespreizten Fingern auf ein Blatt Papier legen, mit einem Stift umfahren, ausschneiden, anmalen. Lassen Sie das Kind verschieden große Hände vergleichend in eine Reihenfolge legen. Eine Idee für ein Fingerspiel finden Sie auf Seite 161.

- Schreibe die große 5 mit dem Finger nach. Mit den Puzzleteilen kannst du sie bekleben.
- Fahre jede kleine 5 mit einem Stift nach.
- Kennst du Münzen, auf denen eine 5 steht?

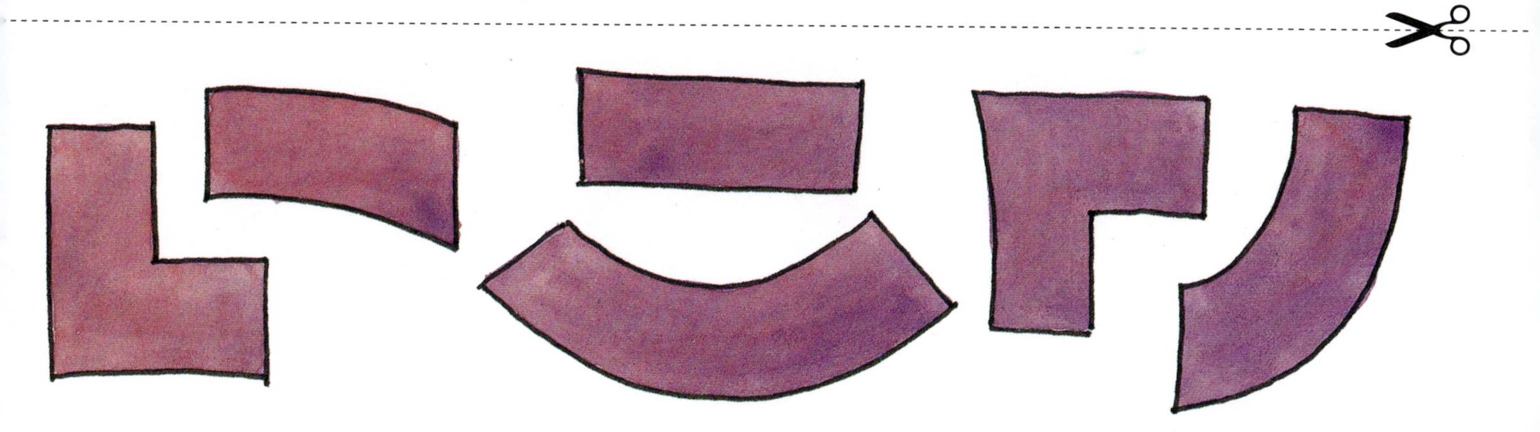

Male alle Tiere an, die 6 Beine haben.

6 für die Hex'

Fülle die große 6 mit Buntpapier oder Fäden aus.

Suche in Zeitungen die 6. Schneide viele davon aus, und klebe sie auf diese Seite.

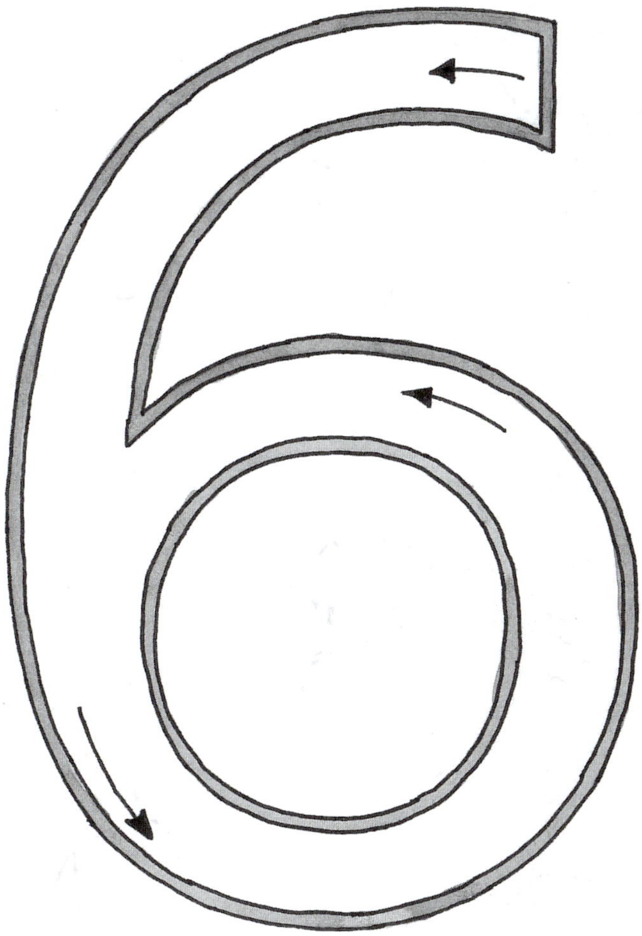

Schreibe jede 6 bunt nach.

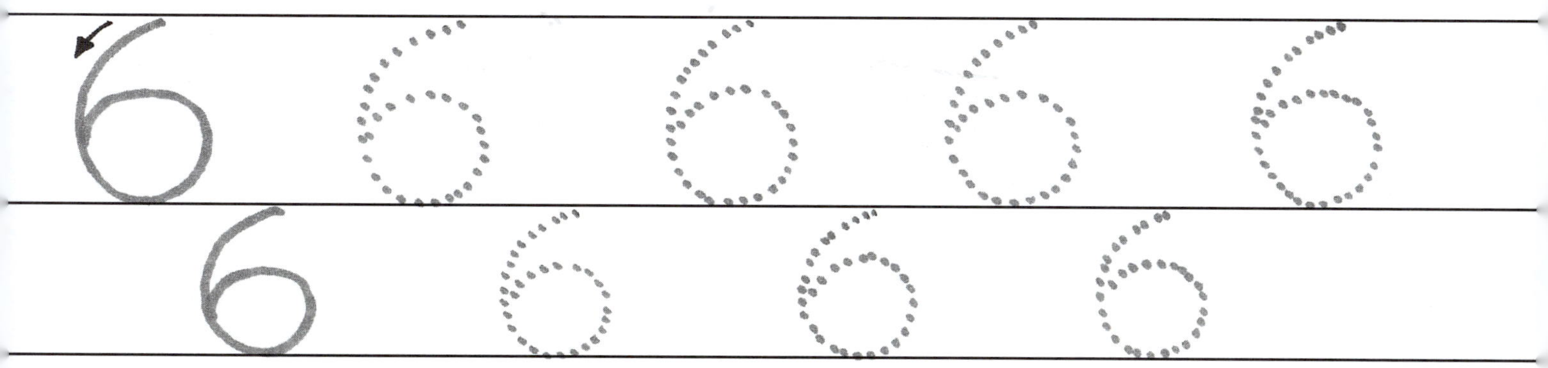

Elterninfo: Suchen Sie mit Ihrem Kind Reime auf Zahlwörter, wie oben in der Überschrift.

Auf beiden Seiten sollen immer gleich viele Menschen zu sehen sein. Streiche welche weg, wenn es auf einer Seite zu viele sind.

Elterninfo: Auf Seite 161 finden Sie das Spiel „Mengen raten“.

Mache gleich viele durch +

Zähle nach, ob die zwei Kinder, die jeweils zusammen spielen, gleich viele Sachen haben. Wenn etwas fehlt, male es dazu.

Male alles bunt an!

Hungrige Vögel

Mengenvergleich
größer/kleiner

Du siehst jeweils 2 Häufchen Vogelfutter. Die Vögel unten auf der Seite möchten immer das größere Häufchen aufpicken. Sie können aber noch nicht zählen. Hilfst du ihnen?

Klebe die Vögel so auf, dass ihr Schnabel bei der größeren Menge offen ist.

Wir haben auch Hunger!

Ist für jedes Tier Futter da? Zähle Tiere und Futter. Male immer so viele Punkte in die Kästchen, wie du gezählt hast. Wenn auf beiden Seiten gleich viele sind, machst du in der Mitte ein = (gleich). Sind es nicht gleich viele, streichst du das Zeichen durch ≠ (nicht gleich).

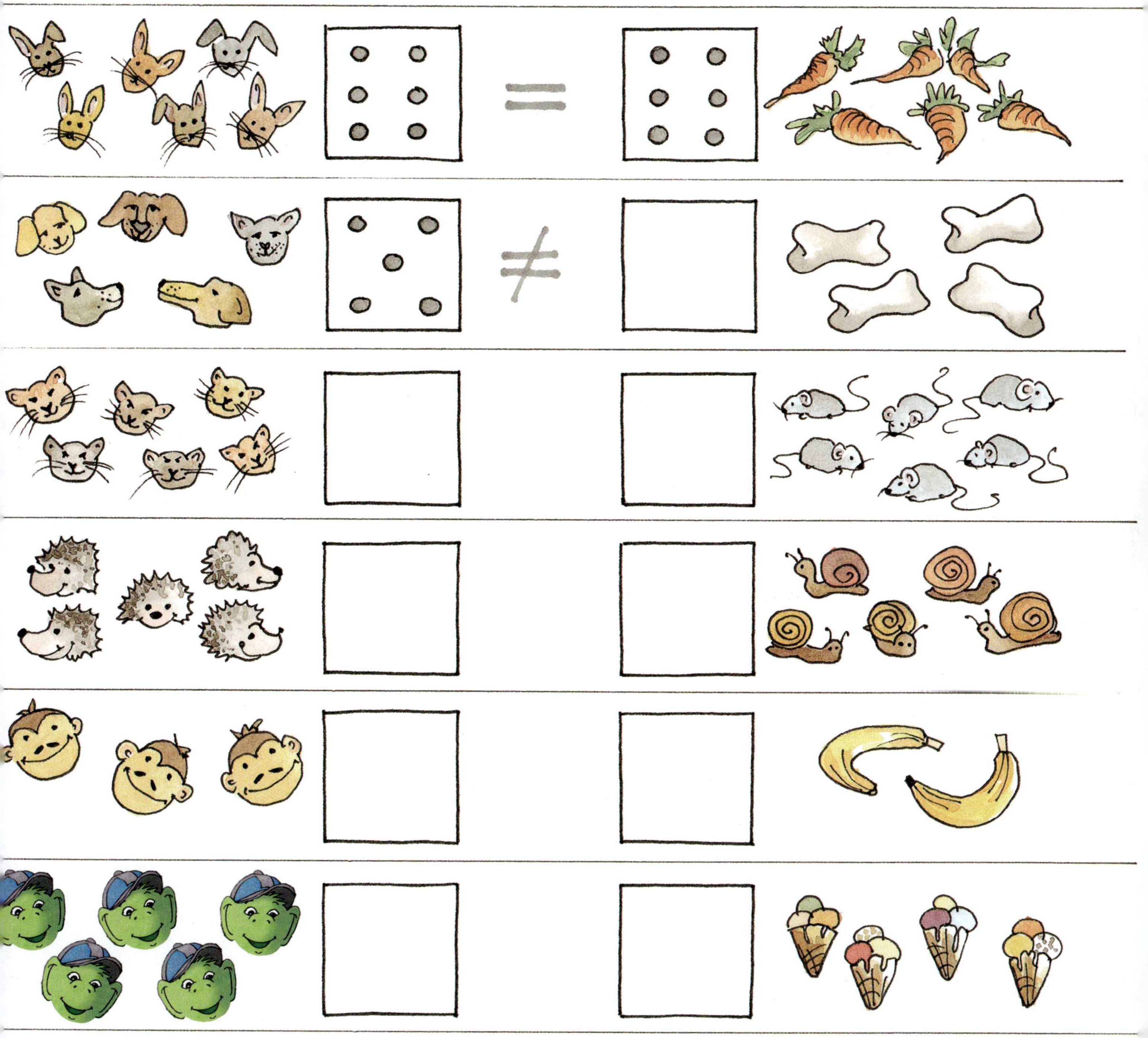

Elterninfo: Auf Seite 166 und 167 finden Sie ein Zahlen- und Mengen-Memo-Spiel.

Male zuerst die Schirme an. Kreuze dann den an, der das gleiche Muster hat wie der Drachenschirm.

Schau dir dieses Spiegelbild genau an. Male immer einen Teil bunt.
Wenn du dasselbe im Spiegel gefunden hast, male es genau so an.

Elterninfo: Stellen oder setzen Sie sich ihrem Kind gegenüber. Während Sie eine Bewegung vorgeben, z.B. Winken mit der linken Hand, führt das Kind sie mit seiner rechten aus, als sähe es in den Spiegel. Je häufiger Sie die Gesten wechseln, desto größer ist die Anforderung an die Konzentration des Kindes.

(für 2–6 Mitspieler)

Spielmaterial:
1 Spielfigur je Mitspieler,
1 Würfel,
1 Blatt Papier,
1 Stift,
Wolle

Spielregeln: Spielfiguren auf „Start" setzen, und je nach Würfelzahl reihum die Figur setzen. Auf die Aufgaben der einzelnen Felder achten!
Wer zuerst im Ziel ist, hat gewonnen.

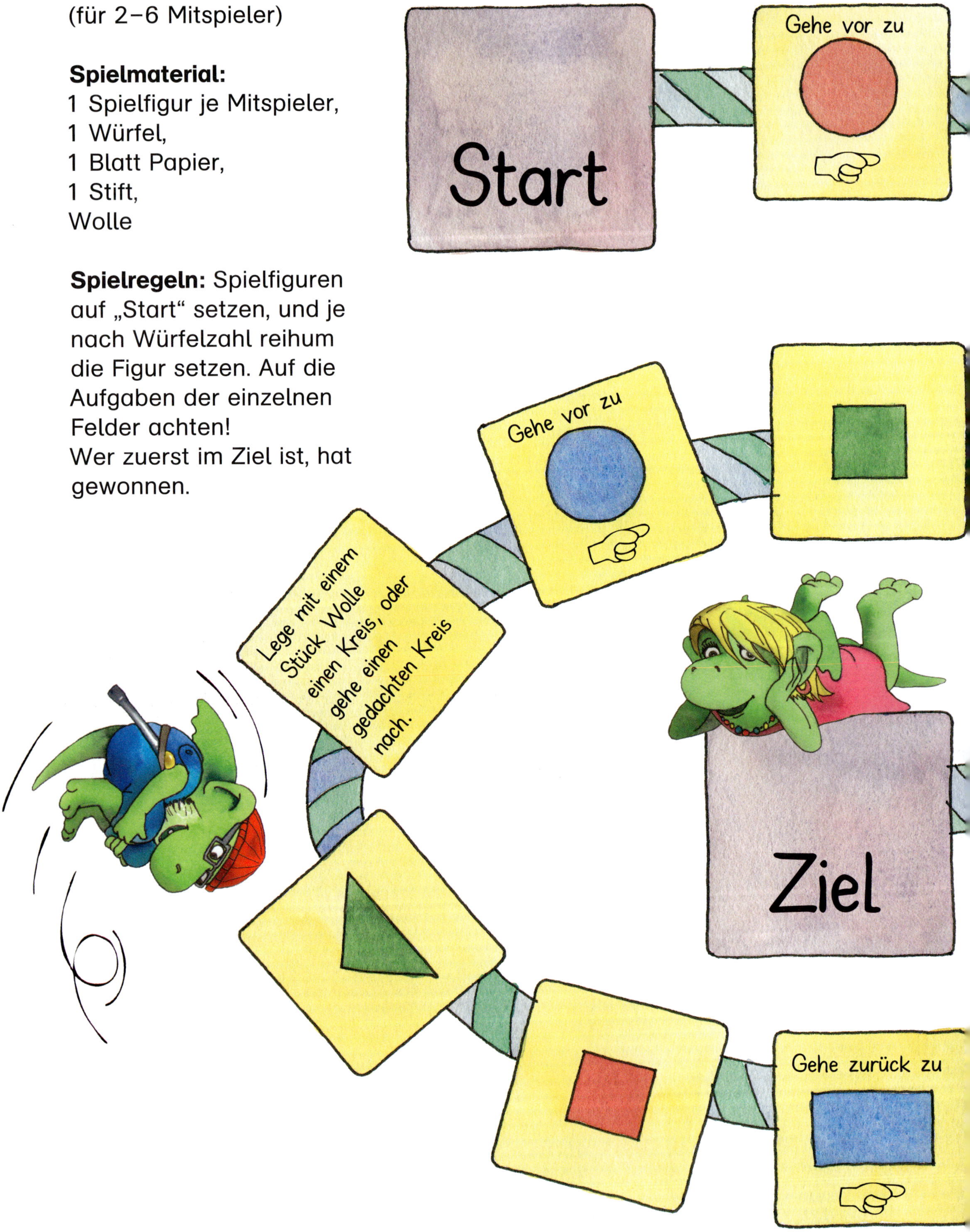

Zeige deinen Mitspielern im Zimmer ein Rechteck.
Gehe zurück zu
Wie sieht ein Dreieck aus? Erkläre es den anderen.
Gehe zurück zu
Gehe vor zu
Gehe vor zu
Male auf ein Blatt Papier ein Quadrat.

In jedem Napf sollen 10 Hundekuchen einer Sorte liegen. Male die fehlenden Hundekuchen dazu.

Kannst du in die Sprechblasen das Lieblingsfutter der Tiere malen?

Lege die Figuren mit Formen (Seite 170) aus. Es gibt teilweise mehrere Möglichkeiten.

Bei zwei Figuren fehlt etwas. Male es dazu.

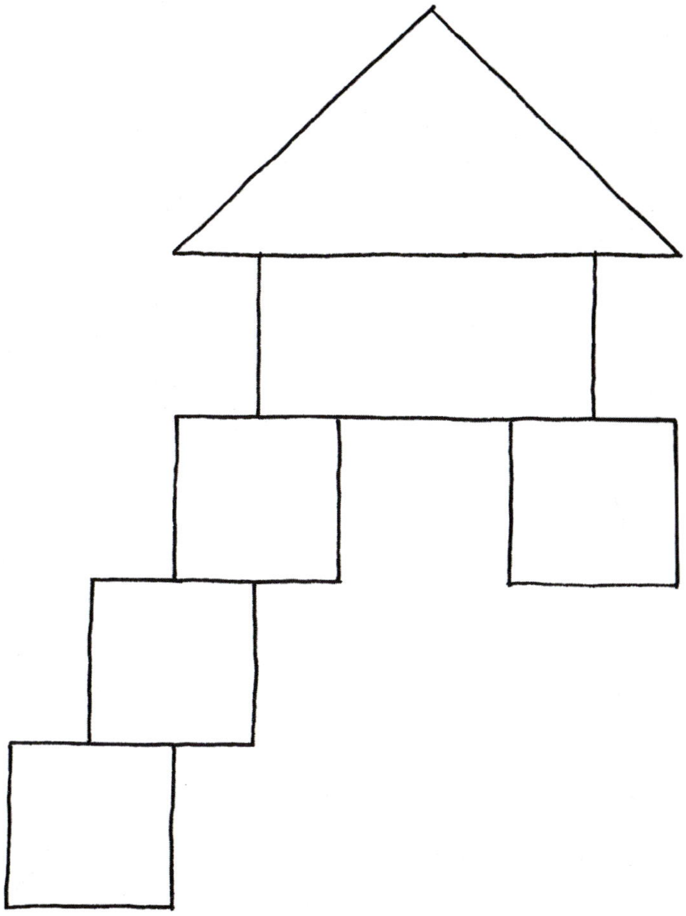

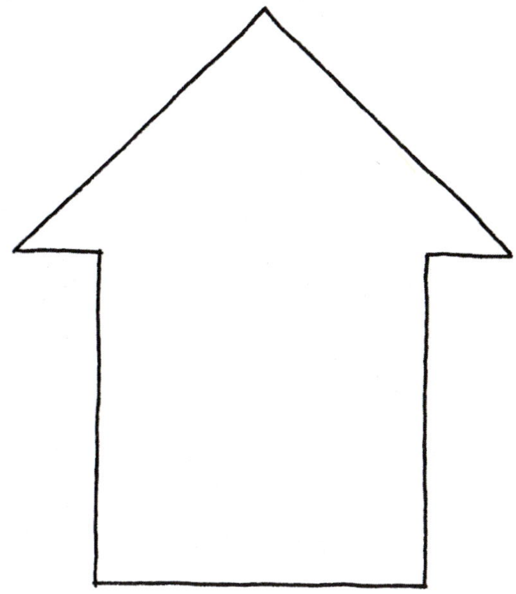

Jetzt kannst du alles anmalen:

△ = gelb △ = rot □ = orange ▯ = blau ▱ = grün ○ = braun

Elterninfo: Lassen Sie Ihr Kind beim Auslegen der Figuren mehrere Möglichkeiten suchen. Dadurch findet Ihr Kind einen Zugang zu den Merkmalen der Formen.

Ist die Farbe richtig?

- Kreuze jeweils das Bild an, das nicht in die Reihe gehört.
- Malst du in jede Reihe noch ein Bild in der passenden Farbe?

- Wo ist der kleine Drache versteckt?

Alle Tiere bekommen zum Geburtstag einen Kuchen geschenkt.
Verbinde jedes Tier mit dem passenden Kuchen.

Auf einem Kuchen fehlt eine Kerze. Weißt du, wo?

Kannst du Lisa helfen, die fehlenden Bilder auf die Tapete zu zeichnen?

Male die Tapete bunt an.

Ergänze die fehlenden Hälften. Male dann alles an.

Elterninfo: Diese Übung trainiert das Formenerkennen und das Sehen von Größenverhältnissen.

Hier stimmt was nicht!

- Alle Häuser sollen so aussehen wie das Haus mit dem Drachen. Kreuze bei den anderen Häusern an, was falsch ist.
- Lege die Häuser mit den Formen (Bastelbogen S. 170) nach.

Elterninfo: Bei dieser Aufgabe wird das genaue Hinschauen gefördert. Ihr Kind könnte außerdem die Häuser mit Bausteinen nachbauen.

Male die Spielkarten noch einmal, sodass es jede Karte zweimal gibt.

Schau das Bild genau an und erzähle, was du siehst.

Elterninfo: Fördern Sie die Sicherheit Ihres Kindes im Straßenverkehr, indem Sie richtiges Verhalten an möglichen Gefahrenstellen trainieren.

Male die Verkehrsschilder am Rand mit den richtigen Farben an.

Elterninfo: Ihr Kind beobachtet Sie im Straßenverkehr genau. Seien Sie Vorbild!

Lege mit den Formen des Bastelbogens (S. 170) die Figuren nach.

Elterninfo: Beim Nachlegen der Figuren prägen sich die einzelnen Formen nach und nach ein. Lassen Sie Ihr Kind beim Legen die Formen beschreiben (Ecken, schräge Seiten, rechter Winkel, rund, viereckig, dreieckig …).

Male in die beiden leeren Rahmen eine graue Maus und einen blauen Fisch.

Verbinde alle Bilder mit den passenden Farbtöpfen.

Elterninfo: Überprüfen Sie, ob Ihr Kind alle Farben erkennen kann. Es könnten weitere Tiere in den passenden Farben aufgezählt werden.

Du hast bestimmt schon entdeckt, dass die kleinen Drachen nicht gemeinsam verreisen wollen. Einer möchte Ski fahren, der andere an einen sonnigen Strand. Hilf ihnen beim Packen, und verbinde jedes Teil mit dem richtigen Koffer.

Das halbe Bild ist weg!

Kannst du helfen, die Bilder fertig und bunt zu malen?

Schau dir alles auf der Straße genau an.
Wer sich richtig verhält, bekommt von dir: 🙂

Wer etwas falsch macht, dem malst du: 🙁

Elterninfo: Geben Sie als Verkehrsteilnehmer Ihrem Kind immer ein gutes Beispiel. Lassen Sie das Kind auch Erwachsene kritisieren, die sich falsch verhalten.

Der Drache hat Geburtstag heut'!
Er feiert mit all' den Tieren,
die kommen zum Gratulieren.

Bei einigen Gästen stimmt etwas nicht. Wenn du es herausgefunden hast, mache dort ein **X**.

Weißt du, wie alt Lizzy heute wird?

i **Elterninfo:** Das „Verwandlungsspiel" finden Sie auf Seite 162.

Schneide die Kärtchen von Seite 85 aus. Lege sie zuerst so auf diese Seite hin, dass gleiche Bilder immer nebeneinanderliegen. Wenn du siehst, dass alles richtig ist, kannst du sie aufkleben.

Schuss – und Tor!

Findest du heraus, zu welcher Mannschaft die Kinder gehören? Male ihre Trikots an wie unten. Wenn du auf die Streifen geachtet hast, darfst du auch für jede Mannschaft eine Farbe aussuchen.

Bunter werde ich munter

- Wähle für jedes Zeichen eine andere Farbe, und male es an.
- Nun malst du dem Fisch ein buntes Schuppenkleid.

Elterninfo: Achten Sie darauf, dass Ihr Kind die Schuppen in der zuvor gewählten Farbe ausmalt.

So ein Affenzirkus!

genau hinschauen
und zuordnen

Was für ein Affengewimmel! Immer zwei Affen sind gleich.
Findest du die Zwillinge? Verbinde.

Wenn du beim Ausmalen der Felder gut aufpasst, findest du heraus, wer und was dir in diesem Buch ganz oft begegnet. Male nur mit den angegebenen Farben.

• rot   ⁚ grün   ∴ gelb

Elterninfo: Markieren Sie bitte die Punktmengen oben mit den angegebenen Farben. Diese sind im Alltag übrigens im Straßenverkehr besonders wichtig. Machen Sie Ihr Kind an Verkehrsampeln darauf aufmerksam.

Zwischen Eichen- und Ahornblättern haben sich zwei Freunde versteckt. Male die Blätter so an, wie es vorgemacht ist. Dann findest du die beiden.

Eichenblatt

Ahornblatt

Elterninfo: Auf Seite 162 finden Sie die Anleitung zu einer anderen Art des Versteckspiels.

In jeder Reihe sieht nur ein Tier genauso aus wie das ganz linke. Suche es, und mache ein **X** in das Kästchen.

Elterninfo: Lassen Sie Ihr Kind vieles vergleichen: Bäume, Blätter, Steine, Autos, Häuser usw. Loben Sie es, wenn es Vergleichsmerkmale nennt.

Dieses Mandala darfst du ausmalen.
Beginne in der Mitte.

Elterninfo: Lassen Sie Ihr Kind beim Malen leise Entspannungsmusik hören.

Schau, was der kleine Drache im Uhrenladen angestellt hat!

Male alle Uhren an, auf denen die Zeiger so stehen:

Es ist ein Uhr.

Elterninfo: Machen Sie Ihr Kind zunächst nur auf volle Stunden aufmerksam, möglichst in Verbindung mit wiederkehrenden Ereignissen.

Wo geht's zur Schule?

genau überlegen
und nachspuren

Zeige mit dem Finger, wie Lizzy fährt, um zu ihrer Schule zu kommen.
Zeichne die Strecke dann mit einem Stift ein.

Elterninfo: Ihr Kind kann den richtigen Weg mit „Plusterfarbe“ (Bastelgeschäft) markieren und danach mit geschlossenen Augen die Spur nachfahren.

Fahre die Umrisse der Gegenstände mit dem Finger nach.
Male sie in der entsprechenden Farbe an.

Elterninfo: Lassen Sie Ihr Kind mit verbundenen Augen Gegenstände ertasten. Das fördert Konzentration und Feinmotorik.

Welches Teil passt nicht?

In jeder Reihe gehört ein Teil nicht dazu. Kreuze es an, und male die 3 passenden Teile aus.

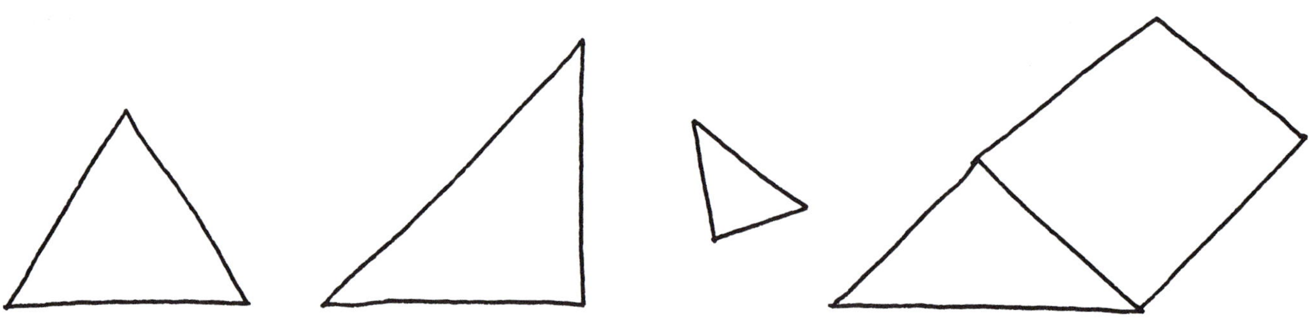

- Fahre die dicken Linien der Drachenformen mit dem Finger nach.
- Male sie dann an:

△ = rot □ = grün

○ = gelb ▯ = blau

*Melodie: Alle meine Entchen

Schau, wie die Kinder sich verkleidet haben!
Kreuze jeden Hut mit 3 Löchern an.

Elterninfo: Verkleiden macht immer Spaß. Danach kann sich Ihr Kind wieder besser konzentrieren.

Du kannst das Lied einfach so singen oder ein lustiges Spiel daraus machen. Es macht am meisten Spaß, wenn du es mit Eltern, Geschwistern und Freunden spielst. Es geht so:

1. Strophe: Ihr singt den ganzen Text.

2. Strophe: Ihr lasst jedes Mal das Wort „mein“ aus. Jeder zeigt an der Stelle mit dem Finger auf sich selbst.

3. Strophe: Nun lasst ihr auch das Wort „Hut“ weg und führt die Hände auf eurem Kopf zusammen.

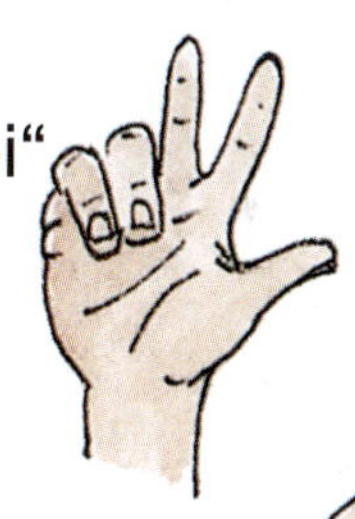

4. Strophe: Jetzt lasst ihr auch noch das Wort „drei“ aus und haltet dafür drei Finger hoch.

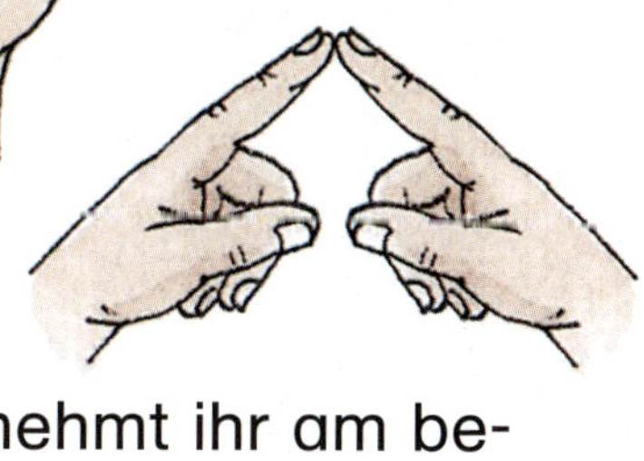

5. Strophe: Nun singt ihr auch das Wort „Ecken“ nicht mehr. An der Stelle macht ihr mit den Zeigefingern eine Ecke.

Wenn ihr euch zu diesem Spiel einen Hut basteln möchtet, nehmt ihr am besten die Doppelseite einer alten Zeitung und faltet sie so wie hier:

Rechteck einmal quer halbiert knicken.

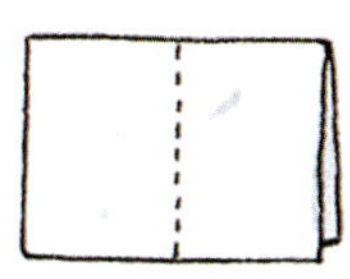

Beide Hälften der geknickten Kante mit den Ecken Richtung Unterkante ziehen, sodass sie in der Mitte aneinanderliegen.

Die beiden offenen Kanten jeweils nach außen umknicken. Überstehende Ecken einschlagen.

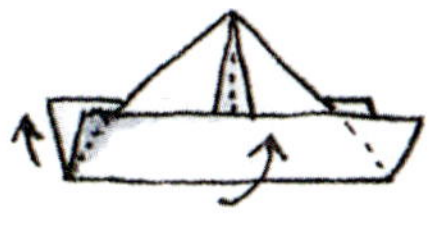

Mit der Hand die Öffnung weiten, fertig ist der Hut!

Verbinde die richtigen Hälften miteinander.
Male alle Fahrzeuge an.

Das Pferd ist müde. Zeigst du ihm den kürzesten Weg in den Stall?

Die Katze lässt das Mausen nicht! Wo ist der kürzeste Weg zum Ziel?

Male immer die beiden Socken, die zueinandergehören, gleich an.

Kannst du folgende Dinge finden? Male sie an.

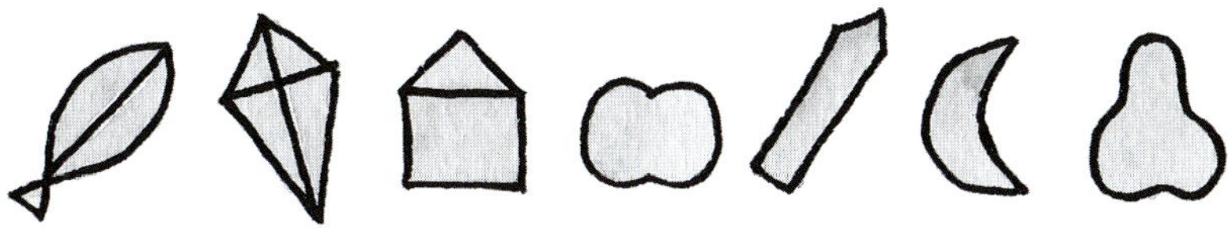

Das brauchst du für dieses Spiel:

- einen Partner
- einen Würfel
- für jeden Spieler jeweils zweimal:
  6 Knöpfe, Muscheln, Steinchen oder Geldstücke

Spielregeln:

Jeder Partner hat eine Schildkröte als Spielfeld. Abwechselnd würfeln. Das entsprechende Zahlenfeld mit Knopf, Muschel, Stein oder Geldstück belegen. Ein Wurf verfällt, wenn es für ihn kein freies Zahlenfeld mehr gibt. Die Schildkröte, deren Panzer zuerst ausgelegt ist, ist Sieger.

Findest du alles, was du essen kannst? Male es an.

Elterninfo: Wenn Sie Ihr Kind zum Einkaufen mitnehmen, geben Sie ihm kleine Merkaufträge, etwa 3 bis 5 Dinge, zu denen es eine Beziehung hat. Eine Spielidee hierzu finden Sie auf Seite 162.

Wer hat was am Angelhaken? Male die Angelschnüre in den entsprechenden Farben nach.

Elterninfo: Lassen Sie Ihr Kind die „Angelschnüre“ mit vier verschiedenfarbigen Wollfäden bekleben und danach mit geschlossenen Augen nachfahren.

Im Sand ist eine Flaschenpost vergraben. Du findest sie, wenn du diese Muscheln ausmalst und miteinander verbindest:

In der Flasche steckt ein sehr alter Brief: Einige Wörter können deine Eltern sicher noch lesen.

Möchtest du dir die Geschichte ausdenken, die der Schreiber erlebt hat?

Elterninfo: Lassen Sie sich die Geschichte am nächsten Tag noch einmal erzählen.

Spielidee zu Seite 105: Zahlenjagd

Beim Einkaufen, Autofahren oder in der Wohnung zu spielen: Eine größere Anzahl von Zetteln mit „4“ beschriften. Mitspieler werden aufgefordert, in einer bestimmten Zeit möglichst viele Vieren zu finden. Für jede gezeigte Vier bekommt man einen Zettel mit einer „4“. Das Spiel lässt sich in gleicher Weise mit anderen Zahlen spielen.

Spielidee zu Seite 106: Fingerspiel

Aus der Faust richten sich einzeln die Finger auf, beginnend mit dem Daumen. Dazu wird der Reim gesprochen:

Der Erste will raus,
der Zweite sieht ’ne Maus,
der Dritte holt sie ins Haus,
der Vierte gibt ihr Speck,
der Fünfte jagt sie weg.

Spielidee zu Seite 111: Mengen raten

Ein Spielleiter verdeckt unter einem Tuch, in einer Schachtel oder in der Hand eine Anzahl von 1 bis 6 Spielsteinen, Knöpfen, Geldstücken o.Ä. Das erste Kind rät eine Zahl zwischen 1 und 6. Falls es nicht die richtige ist, sagt der Spielleiter „mehr“ oder „weniger“. Das erste Kind darf weiterraten, solange es der Logik folgt. Rät es unlogisch (z.B. wenn es zuerst die Zahl „3“ sagt und der Spielleiter „weniger“ antwortet, kann als nächste Zahl nicht „4“ oder mehr genannt werden), kommt das nächste Kind an die Reihe.

Nach jedem Treffer wird das Kind mit den Steinchen, die im Spiel waren, belohnt. Und am Ende können diese in Bonbons o.Ä. eingetauscht werden. Falls Kinder am Schluss ihre „Beute“ zählen möchten, sollten sie darin unterstützt werden.

Spielidee: Mein rechter, rechter Platz ist frei

Zu spielen mit 5 und mehr Mitspielern im Stuhlkreis, wobei ein Stuhl immer frei bleibt. Das Kind, dessen rechter Platz frei ist, klopft mit der rechten Hand darauf und sagt:

„Mein rechter, rechter Platz ist frei,
ich wünsche mir die/den (Name eines Mitspielers) herbei.“

Das Spiel setzt sich fort, indem immer das Kind, dessen rechter Platz frei geworden ist, den Spruch sagt und sich ein anderes Kind herbeiwünscht. Es kann genauso auch mit dem linken Platz verfahren werden.

Abwandlung: Die Kinder können auch als Tiere herbeigewünscht werden. Dann heißt es:

„Mein rechter, rechter Platz ist frei,
ich wünsche mir die/den … als Hase, Hund, Katze etc. herbei.“

Das gewünschte Kind kommt dann hüpfend, bellend, miauend (entsprechend der Tier-Anweisung) herbei.

Spielidee zu Seite 134: Verwandlungsspiel

Ein Mitspieler verlässt den Raum. Einer der übrigen verändert etwas, z.B. Brille abnehmen, Schuhe verkehrt anziehen, Haarzopf auflösen o.Ä. Es können auch zwei Mitspieler die Pullover tauschen. Vorher ist zu vereinbaren, wie viele Personen Veränderungen vornehmen, die das wieder hereingeholte Kind entdecken muss.

Spielidee zu Seite 142: KIM-Spiele

Eine festgelegte Anzahl von Dingen (6-10, langsam steigern) wie Spielsachen, Malstifte, Haushaltsgegenstände u.a. wird gründlich angeschaut. Während ein Mitspieler den Raum verlässt, werden ein oder mehrere Gegenstände zugedeckt oder entfernt. Das Kind, das wieder hereinkommt, soll feststellen, was fehlt.

Spielidee zu Seite 158: Ich kaufe ein

Die Spieler sitzen im Kreis. Der Erste sagt:
„Ich lege eine Wurst (oder anderes) in den Wagen."
Der Zweite sagt:
„Ich lege eine Wurst und Kekse hinein."
Der Dritte wiederholt Wurst, Kekse und fügt z.B. Schokolade hinzu. Das Spiel setzt sich fort, indem der Spieler, der an der Reihe ist, alles wiederholt und ein neues Teil hinzufügt.
Bei einer sehr kleinen Gruppe können 2 oder 3 Runden gespielt werden.

Variation:
„Ich packe meinen Koffer und lege … hinein"

Variation:
Der erste Spieler:
„Ich bin (z.B. Leoni/Leo) und mache so: (Geste, etwa Zähneputzen)."
Der zweite Spieler, auf den Ersten zeigend:
„Das ist Leonie/Leo, sie/er macht so (Geste wiederholen). Ich bin … und mache so (andere Geste, etwa winken)."

Jeder Spieler wiederholt nacheinander die Namen und Gesten der Vorgänger und fügt seinen Namen und eine Geste hinzu.

Bastelanleitung für das Fensterbild auf Seite 171:

Den Baum anmalen. Seite herausschneiden und auf Tonpapier aufkleben. Auf eine weiche Unterlage (flaches Kissen oder 3-4fach zusammengelegtes Handtuch) legen, die mindestens so groß sein soll wie die Seite. Mit der Nadel auf den Punktlinien viele kleine Löcher ganz dicht nebeneinander stechen, bis sich die Teile herauslösen. Baum an den Außenkanten vollends ausschneiden. Oben ein Band durchziehen und ans Fenster hängen.

Tipp: Im Bastelgeschäft gibt es spezielle „Prickelnadeln" mit Griff. Sie können eine solche selbst herstellen, indem Sie eine Stopfnadel mit der stumpfen Seite in einen Korken stecken, der als Griff dient.

Kärtchen auf Seite 166 für das Memo-Spiel ausschneiden.

Bastelbogen: Memo-Spiel

Bastelanleitung:
Kärtchen auf Seite 166 und 167 jeweils zusammenhängend auf Tonpapier oder Fotokarton kleben und ausschneiden.

Spielanleitung:
Zwei verschiedene Kartentypen (Zahlen/Punkte, Zahlen/Bilder oder Punkte/Bilder) werden gemischt und verdeckt auf den Tisch gelegt. Die Mitspieler dürfen nacheinander jeweils zwei Karten aufdecken. Findet sich dabei ein Paar, darf man es behalten. Jeder ist so lange an der Reihe, bis es zu einem Fehlversuch kommt.

1
2
3
4
5
6
1
2
3
4
5
6

Die Bastelanleitung für das Fensterbild befindet sich auf Seite 162.

Liebe Eltern,

Sie haben mit dem Kauf des Bandes **„Mein großes Vorschulbuch"** die richtige Entscheidung getroffen, um Ihr Kind auf einen erfolgreichen Schulbeginn vorzubereiten. Mit den vielfältigen Übungen für Vorschulkinder festigen Sie die **Grundlagen für das Lesen- und Schreibenlernen und das mathematische Grundwissen**. Daneben gibt es spielerische Anregungen zur Erweiterung der Basisfähigkeiten **Wahrnehmung, Konzentration, Ausdauer, Feinmotorik und logisches Denken**. Diese sind Voraussetzung für die Schulfähigkeit Ihres Kindes und wichtig für das gesamte schulische Lernen. Bei der Feststellung von **Schulfähigkeit** müssen jedoch noch weitere Kompetenzen betrachtet werden:

- **Gefühlswelt (Emotionalität)**
  Die emotionale Stabilität des Kindes ist wichtig für sein Wohlbefinden und damit auch für seinen Erfolg in der Schule; denn dort muss es z.B. die Bezugsperson mit ca. 25 Kindern teilen, kleine Konflikte angemessen lösen, sich von Misserfolgen nicht entmutigen lassen.
- **Leben mit anderen (soziale Kompetenz)**
  Die soziale Kompetenz ermöglicht dem Kind, dass es Freude daran hat, mit anderen zu lernen, zu arbeiten und zu spielen. Sie ist die Grundlage für ein zufriedenes Leben in Gemeinschaft.
- **Körpererfahrung (motorische Kompetenz)**
  Die feinmotorische Geschicklichkeit ist für das Schreiben, Malen usw. wichtig. Sie entwickelt sich auf der Grundlage altersgemäßer grobmotorischer Sicherheit. Dazu gehört die sichere Gleichgewichtskoordination und die Fähigkeit, sich zielgerichtet zu bewegen.
- **Sprachliche Entwicklung**
  Sprechen und Verstehen sind Grundvoraussetzung für die Teilnahme am Unterrichtsgeschehen, für das Lesen- und Schreibenlernen; aber auch um mathematische Sachverhalte zu erfassen und zu versprachlichen.
- **denk- und wissensbezogenen Fähigkeiten (kognitive Kompetenz)**
  Alle Erlebnisse und Erfahrungen, die Ihr Kind bisher gemacht hat, haben in seinem Gehirn mehr oder weniger intensive Spuren hinterlassen. Im Idealfall entwickelt es daraus ein Interesse und die Motivation, bestimmte Bereiche weiter zu durchdringen. Dies ist am ehesten der Fall, wenn die Inhalte einen Bezug zum Leben des Kindes haben.

Außerdem gehören zum Bereich der kognitiven Kompetenz folgende mathematische Sachverhalte, die für Kinder sehr früh eine Bedeutung haben und die die Voraussetzung für ein mathematisches Grundverständnis bilden:

- mehr, weniger, gleich viel
- Zahlen
- größer, kleiner, weiter, näher
- vor, hinter, zwischen, über, unter, rechts, links, neben
- einteilen, verteilen, aufteilen
- Formen und Farben

In den Bereich der kognitiven Kompetenz gehört auch die Vorbereitung auf das Lesen und Schreiben. Sicher hat Ihr Kind bisher schon Interesse an Bilderbüchern gezeigt und hört beim Vorlesen aufmerksam zu. Über diese wichtigen Voraussetzungen hinaus werden beim Schuleintritt diese Fähigkeiten erwartet:

- Phonologische Bewusstheit (sprachliche Verarbeitung von Lauten)
- Lautdifferenzierung (Lautnuancen in ähnlich klingenden Wörtern unterscheiden)
- Optische Differenzierung (feine Unterschiede ähnlicher Objekte optisch erkennen)
- Visuelle Figur-Grund-Erfassung (Figuren auf komplexem Grund wahrnehmen)
- Lautbildung (korrekte Artikulation; Lippen-, Zungen-, Zahn- und Gaumenlaute)
- Visuelles Gedächtnis (Wiedergabe visuell präsentierter Formen)
- Sprachgedächtnis, auditive Merkfähigkeit (zusammenhängend nacherzählen)
- Sprachverständnis (2–3 miteinander verknüpfte Aufträge ausführen)

All diese Bereiche werden durch vielfältige Übungen in diesem Buch gefördert.

Schulreife-Check 1:
Ist die allgemeine Entwicklung meines Kindes ausreichend für den Schuleintritt?

Die folgenden **allgemeinen Kompetenzen** enthalten Fähigkeiten und Persönlichkeitsmerkmale, die für erfolgreiches Lernen in der Schule bedeutsam und darum bei der Feststellung von Schulfähigkeit relevant sind. Bitte beobachten Sie Ihr Kind im alltäglichen Umgang (über 4–6 Wochen) und kreuzen Sie für jede Aussage an, ob Ihr Kind in diesem Bereich sicher oder noch unsicher ist.

	sicher	unsicher
Mein Kind kann mehrschrittige Anweisungen befolgen.	◯	◯
Mein Kind hält sich an Regeln (z.B. Spielregeln).	◯	◯
Mein Kind kann sich an- und ausziehen.	◯	◯
Mein Kind kann eine Schleife binden.	◯	◯
Mein Kind kann mit einer Schere umgehen.	◯	◯
Mein Kind kann seinen Namen (große Druckbuchstaben) schreiben.	◯	◯
Mein Kind kann einen Stift richtig halten.	◯	◯
Mein Kind kann rechts und links unterscheiden.	◯	◯
Mein Kind hüpft auf einem Bein (je Seite 7 bis 10-mal).	◯	◯
Mein Kind zeigt Interesse an neuen Sachverhalten.	◯	◯
Mein Kind kann 20–30 Minuten allein konzentriert spielen.	◯	◯
Mein Kind kann selbstständig nach Vorlage etwas bauen.	◯	◯
Mein Kind hört beim Vorlesen zu und kann Inhalte nacherzählen.	◯	◯
Mein Kind kann Konflikte mit Gleichaltrigen mit Worten lösen.	◯	◯
Mein Kind kann eigene Bedürfnisse denen der Gruppe unterordnen.	◯	◯

Sollte Ihr Kind in mehr als fünf Bereichen der Checkliste 1 noch unsicher sein, sprechen Sie die Pädagogen im Kindergarten an. Diese kennen Ihr Kind, vor allem auch in seinem Verhalten in der Gruppe, und werden Sie gut beraten.

Schulreife-Check 2:
Beherrscht mein Kind relevante Fähigkeiten für den Schuleintritt im Bereich Sprache?

Über die folgenden **Kompetenzen für den Lernbereich Sprache** sollte Ihr Kind bei Schulfähigkeit verfügen. Bitte wählen Sie mit Ihrem Kind in beliebiger Reihenfolge Bereiche aus der Checkliste aus und kreuzen Sie nach der Bearbeitung der dazugehörigen Übungen auf den angegebenen Seiten an, ob Ihr Kind über diese Kompetenz sicher verfügt oder ob es noch unsicher ist. Sie müssen dazu nicht alle angebotenen Übungen durchführen.

	sicher	unsicher
Mein Kind kann sich ca. 15 Minuten auf eine Aufgabe konzentrieren. (S. 46, 52, 64, 67,72)	○	○
Mein Kind hört bestimmte Laute in einem gesprochenen Wort. (S. 12 ,16, 24, 28, 38, 39, 43, 46)	○	○
Mein Kind kann einigen Buchstaben Laute zuordnen. (S. 10, 13, 14, 22, 26)	○	○
Mein Kind kann ähnlich klingende Wörter unterscheiden; z.B. Kanne-Tanne, Nagel-Nadel, Gras-Glas, Tier-Tür, Tasse-Tasche.	○	○
Mein Kind kann im Rhythmus der Silben klatschen; z.B. Su-si.	○	○
Mein Kind kann Gemeinsamkeiten und Unterschiede zwischen ähnlich aussehenden Gebilden erkennen. (S. 13, 17, 25, 29, 66)	○	○
Mein Kind kennt einige Großbuchstaben, mit denen es Namen schreiben kann. (S. 9, 19, 53, 74)	○	○
Mein Kind kann aus verschiedenen ineinander gezeichneten Formen eine bestimmte erkennen. (S. 13, 25, 71)	○	○
Mein Kind bildet in seiner Umgangssprache alle Laute richtig.	○	○
Mein Kind kann eine ca. 10 Sekunden angeschaute Abbildung, z.B. Auto, Puppe, Schiff, aus dem Gedächtnis zeichnen. (S. 71)	○	○
Mein Kind kann die Farbfolge von 3 verschieden farbigen Gegenständen, z.B. Perlen, Klötze, aus dem Gedächtnis wiedergeben. (S. 70)	○	○
Mein Kind kann eine kurze vorgelesene Geschichte nacherzählen.	○	○
Mein Kind kann aus 2 Wörtern ein neues bilden; z.B. Hand – Schuh. (S. 21)	○	○
Mein Kind kann mit einem Stift Punkte verbinden und Linien nachfahren. (S. 32–37, 41, 42, 46, 48, 49, 75, 76, 84)	○	○
Mein Kind erkennt logische Zusammenhänge. (S. 21, 62, 73, 74)	○	○

Falls Ihr Kind in mehr als fünf Bereichen der Checkliste 2 noch unsicher ist, wiederholen Sie in Abständen einzelne Übungen, insbesondere die in diesem Buch angebotenen Spiele. Folgen Sie den Fördertipps auf den Seiten des Buches; aber überfordern Sie Ihr Kind nicht sondern loben Sie es für seine Bemühung und für gute Ergebnisse.

Schulreife-Check 3:
Beherrscht mein Kind relevante mathematische Fähigkeiten für den Schuleintritt?

Über die folgenden **Kompetenzen für den Lernbereich Mathematik** sollte Ihr Kind bei Schulfähigkeit verfügen. Bitte wählen Sie mit Ihrem Kind in beliebiger Reihenfolge Bereiche aus der Checkliste aus und kreuzen Sie nach der Bearbeitung der dazugehörigen Übungen auf den angegebenen Seiten an, ob Ihr Kind über diese Kompetenz sicher verfügt oder ob es noch unsicher ist. Sie müssen dazu nicht alle angebotenen Übungen durchführen.

	sicher	unsicher
Mein Kind kann sich ca. 15 Minuten auf eine Aufgabe konzentrieren. (S. 124, 134, 138, 139, 141, 144, 152, 153, 154)	○	○
Mein Kind kennt die Ziffern 1–6 und kann die Mengen zuordnen. (S. 98–109, 156, 166)	○	○
Mein Kind gibt nach Aufforderung z.B. 3, 4, 6 Teile. (Stifte o.Ä.)	○	○
Mein Kind erkennt gleiche Formen. (S. 137, 139, 143, 155)	○	○
Mein Kind kennt Kreis, Quadrat, Rechteck, Dreieck. (S. 118, 121, 126, 127, 130, 148)	○	○
Mein Kind kann Mengen vergleichen. (S. 110–115)	○	○
Mein Kind kennt die Grundfarben. (S. 121, 122, 131, 149)	○	○
Mein Kind nimmt überlagerte Figuren differenziert wahr. (S. 142, 147)	○	○
Mein Kind kann Figuren ergänzen. (S. 125, 133)	○	○
Mein Kind kann in einer Reihe von 6 Gegenständen z.B. den 2., 5. und letzten zeigen.	○	○
Mein Kind kann 6 verschieden große Gegenstände nach Größe ordnen.	○	○
Mit 4 Stäbchen werden verschiedene Formen gelegt. Mein Kind legt sie aus dem Gedächtnis nach.	○	○
6 Nüsse liegen dicht beieinander. Werden sie in eine Reihe gelegt, erkennt mein Kind, dass es gleich viele sind.	○	○

Falls Ihr Kind in mehr als fünf Bereichen der Checkliste 3 noch unsicher ist, wiederholen Sie in Abständen einzelne Übungen, insbesondere die in diesem Buch angebotenen Spiele. Folgen Sie den Fördertipps auf den Seiten des Buches; aber überfordern Sie Ihr Kind nicht sondern loben Sie es für seine Bemühung und für gute Ergebnisse.